라두 루푸는 말이 없다

침묵의 피아니스트를 그린
20가지 데생

라두 루푸는 말이 없다

이타가키 지카코 엮음   김재원 옮김

봄날의책

일러두기

이 책은 루마니아 피아니스트 라두 루푸의 담당 매니저인
이타가키 지카코가 세계 곳곳에 있는 20여 명의 인터뷰와 기고로 엮은
라두 루푸론이다. 1부에는 총 20편의 인터뷰와 기고문이,
2부에는 아오사와 다카아키라의 긴 '루푸론'이 수록돼 있다.

본문 첫머리 인물 각주와 본문 내 편집자 주는 일본어판에
수록된 것이며, 그 외 각주는 역자에 의한 것이다.
한국어판 편집부의 첨언은 대괄호([ ])로 표시했다.

들어가며

2019년 6월, 피아니스트 라두 루푸는 루체른 공연을 마지막으로 은퇴했다. 일본에서 급히 날아간 나는 그 공연 다음 날 주뼛주뼛 그에게 물었다.

"당신에 관한 책을 일본에서 출판하고 싶어요. 허락해주실 수 있나요?"

긴 세월 인터뷰를 완강히 거부하고 녹음은 진즉에 중단, 방송 녹화조차도 허락지 않을 만큼 극단적으로 사생활을 중시하는 아티스트가 바로 루푸다. 대답은 '노'이겠거니 생각했다.

"친애하는 지카코, 나는 물론 아무 이야기도 하지 않겠지만, 자네가 하고 싶다면 맡기도록 하지. 좋은 성과가 있길 빌어."

가지모토에서 근무한 30년간 나는 라두 루푸의 담당 매니저로서 1991년부터 2013년까지 총 일곱 번의 일본 투어에 동행했다. 루푸가 빚어내는 소리의 마력에 홀려 일본 투어 중 짬을 내어서, 또 그의 마지막 일본 방문 후에도 어떻게든 시간을 만들어 그의 연주를 듣기 위해 미국과 유럽행 비행기에 올랐다.

2019년 마지막 콘서트 때는 은퇴 선언조차 없었던 갑작스러운 끝맺음에 망연자실했다.

　기록되기를 거부하고 모든 미디어를 기절한 루푸의 예술을 조금이라도 후대에 알리고 싶다. 그런 마음으로 루푸와 친분이 있는 연주가, 매니저, 조율사와 함께 그의 사람됨과 음악에 대해 자유롭게 이야기를 나누고 또 기고를 받았다.

　처음부터 순서대로 읽어도 좋고, 아니면 좋아하는 연주가가 그린 데생을 감상하며 자유롭게 페이지를 들추어도 좋다. 거기서 더 나아가 루푸의 음악을 듣는 사람이 많아진다면 기쁘겠다. 그 음악은 틀림없이 듣는 사람의 인생을 풍요롭게 하리라고 믿기 때문이다.

이타가키 지카코

차례

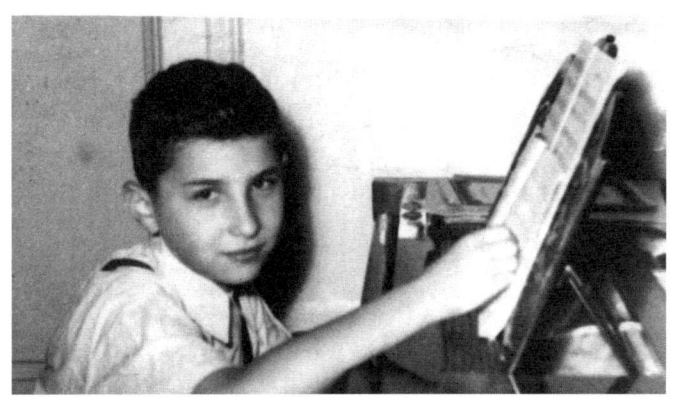

피아노 앞에서(1957년경).
루마니아 갈라치에서 1945년 11월 30일에 태어난 라두 루푸가
피아노를 시작한 건 여섯 살 무렵이었다.

왼쪽 1957년 11월, 프랑스어 교사였던 어머니 아나 가보르와 함께.
오른쪽 어릴 적 라두 루푸.

부쿠레슈티에서 방송 녹음에 임하는 루푸.

왼쪽 1969년 리즈 국제 콩쿠르에서 우승한 직후에.
오른쪽 1968년 혹은 1969년에 페레델키노에서, 모스크바 음악원의 은사
스타니슬라프 네이가우스와 함께.

옆 페이지 카를로 마리아 줄리니와 함께.

1996년 미국 필라델피아에서. 곡예사 같은 포즈로.

클라우디오 아바도와 함께.

리카르도 무티와 함께.

파보 예르비와 1997년 에스토니아 파르누 음악제에서.

2016년 대영제국훈장 수상. 아들 부부와 함께.

샤를 뒤투아와 2018년 스위스 로잔에서.

2012년 11월 일본 투어 중 시부야에서.

시몬 & 미요코 골드베르크의 무덤 앞에서.

고양이와 함께.

고양이와 함께.

2015년 5월 프랑스 디종에서 부인 델리아와 함께.

2019년 6월 21일 스위스 루체른에서 마지막 커튼콜.

2017년 뉴욕 카네기 홀에서 최종 피아노 선정.

이탈리아 로마에서 부인 델리아와 포스터 속 루푸.

친애하는 지카코,

나는 물론 아무 이야기도 하지 않겠지만,

자네가 하고 싶다면 맡기도록 하지.

좋은 성과가 있기를 빌어.

1부

20인의 인터뷰와 기고로 듣는
라두 루푸 이야기

기고

언드라시 시프*

루푸에게 바친다

친애하는 루푸에게.

먼저 고백하겠습니다. 이 세상에 현존하는 모든 피아니스트 중 당신만큼 제게 깊은 감동을 준 사람은 없습니다. 1969년, 아직 제가 고향인 부다페스트에서 지내던 때 당신의 이름을 처음으로 들었습니다. 마침 당신이 리즈 국제 콩쿠르에서 우승해서, 제 친척들이 런던에서 열린 당신의 데뷔 리사이틀을 보러 갔던 것입니다. 다들 몹시 감동해서 극도로 흥분한 상태였습니다. 한마디 덧붙이자면, 안목 높은 그들을 기쁘게 만드는 건 굉장히 힘든 일입니다.

당신과 저는 그로부터 3년 후인 1972년에 열린 리즈 국제 콩쿠르에서 만났습니다. 이때 우승한 사람은—너무 당연하게

---

* András Schiff. 1953년 헝가리 출생으로, 피아니스트 겸 지휘자다. 실내악 오케스트라 카펠라 안드레아 바르카를 창설했다. 루푸와는 유럽 매니저(고 테리 해리슨)가 같았고, 오랜 친우였다.

도—머리 퍼라이아였고, 저는 2라운드에서 탈락하고 말았습니다. 당신과 저는 당신의 절친한 친구이자 콩쿠르 후원자이기도 했던 콜린 화이트와 도러시 화이트 부부 댁에서 만났습니다. 그러고 보면 우리가 처음으로 연탄連彈을 했던 곳도 화이트 부부 댁이었지요. 둘이서 오케스트라 작품 여러 곡을 즉흥적으로 편곡해서 연주했던 기억이 납니다. 당신은 1975년 리즈 국제 콩쿠르에도 왔고, 이 해 심사위원들은 친절하게도 저를 공동 3위 수상자로 뽑아주었습니다.

당시에 아직 당신의 콘서트를 경험해보지 못했던 저는 당신의 연주를 라이브로 듣게 될 날을 고대하고 있었습니다. 그 기회가 찾아온 건 1976년에 당신이 에든버러 음악제에서 근사한 리사이틀을 열었을 때입니다. 당시 프로그램은—이 외에도 여러 곡이 더 있었지만—슈만의 〈다채로운 소품들〉과 베버의 〈무도회의 권유〉였습니다. 그 무렵 당신은 런던에 거주 중이었고, 도시 곳곳의 콘서트홀에서 자주 연주회를 열곤 했지요. 그 중에서도 선명히 기억나는 건 당신이 퀸 엘리자베스 홀에서 진행한 치클루스*입니다. 슈베르트의 소나타 전곡을 연주했었죠. 그리고 또 하나 잊을 수 없는 건 당신과 시몬 골드베르크가

* 동일한 작곡가의 여러 작품을 여러 회에 걸쳐 계속 연주해나가는 연속 연주회.

듀오 리사이틀에서 연주했던 모차르트, 슈베르트, 드뷔시의 바이올린 소나타입니다.

드뷔시 이야기를 하자면, 제가 마지막으로 당신의 연주를 들었던 건 지금으로부터 2, 3년 전 피렌체에서 열린 리사이틀에서였습니다. 연주곡은 슈베르트의 피아노 소나타 17번 D장조와 드뷔시의 전주곡집 1권이었죠. 명연주였습니다. 당신이 연주하는 레퍼토리의 핵심을 이루는 건 오스트리아와 독일의 고전파와 낭만파, 즉 모차르트, 베토벤, 슈베르트, 슈만, 브람스입니다. 그러나 당신은 차이콥스키, 무소륵스키, 드뷔시, 야나체크, 에네스쿠, 버르토크의 작품 또한 설득력 있게 연주해냅니다.

당신이 피아니스트라는 범주를 훌쩍 뛰어넘는 존재라는 사실은 당신 스스로도 잘 알고 있겠지요. 마치 작곡가처럼 연주하고 사고하는 당신은 악곡의 형식과 구조를 이해하고 그 주요한 구성 요소의 위계를 파악하며, 지극히 소소한 디테일을 다룰 때도 망설임이 없습니다. 위대한 지휘자 중에도 그런 능력이 있는 이가 있지만, 운 좋게도 당신은 지휘를 할 필요는 없었습니다. 그저 양손을 내밀기만 하면 피아노가 무수한 음색과 울림을 가진 오케스트라로 변신했죠. 연주할 때 당신은 늘 충분한 시간을 가지고 무엇 하나 서두르지 않습니다. 공들여

택한 템포 덕분에 듣는 이는 그 흐름을 좇으며 음악을 이해할 수 있지요. 당신의 연주에는 과장이 일절 없고, 그 전부가 상상과 판타지로 가득한 부온 구스토*를 기반으로 합니다.

하이라이트는 '루푸 터치'라고 이름 붙여야 할 훌륭한 음질이겠지요. 온통 디지털화되고 글로벌화된 지금 세계에서도 당신의 소리는 들으면 곧바로 알아챌 수 있습니다. 그 순수한 아름다움, 그리고 겹겹이 포개어지는 울림이 직조해내는 다채로운 폴리포니** 때문이지요.

이런 '찬가Lobgesang'는 이제 지겹다는 듯 당신은 얼굴을 찌푸리겠지요. 당신은 제가 아는 모든 연주자―꽤 많습니다―중 가장 자기비판적인 사람입니다. 연주도 녹음도 결코 대충 하는 법이 없고 만족하지도 않습니다. 외고집으로 느껴질 만큼……. 하지만 바로 그런 자세가 당신을 끊임없이 발전시켜온 것이겠지요. 실제로 당신은 늘 타협하는 일 없이 음악 속으로 보다 깊숙이 파고들고자 노력합니다. 그런 당신에게 청중은 물론이고 다른 연주가들도 깊은 애정과 경의를 표하곤 하지

---

* buòn gusto. 고상하고 좋은 취향.

** 음악의 선율 유형으로, 두 개 이상의 성부가 어느 정도 독립성을 갖는 선율로 흘러가면서 전체적인 조화를 유지하는 음악을 말한다.

언드라시 시프(왼쪽)와 함께.

요. 솔직히 당신도 아주 조금은 기쁘지 않나요?

우리 두 사람이 나눈 우정의 기억…… 함께 식사하고 술잔을 주고받으며 웃었던 기억은 제 가슴속에 소중히 담아두었습니다. 당신이 했던 브로콜리 농담, 기억나나요?

친애하는 라두, 당신이 '더 이상 사람들 앞에서 피아노를 치지 않아도 된다'며 기뻐하는 것도 무리는 아닙니다. 그러나 우리에게는 슬픈 상실입니다. 당신의 연주가 그리워 견딜 수가 없습니다.

애정을 담아
당신의 친구, 언드라시 시프

미샤 마이스키*

라두와의 만남은 아주 귀중했고,
함께 음악을 만들어가는 시간은 특별했습니다

처음 라두를 만난 건 1966년, 모스크바 음악원에 입학해 로스트로포비치 밑에서 막 배우기 시작했을 무렵입니다. 라두와의 만남은 제게 아주 귀중한 것이었고, 그와 음악을 만드는 시간은 특별했습니다.

이 포스터(다음 쪽)는 제가 1972년에 러시아를 떠날 때 가지고 온 보물입니다. 1969년 5월, 제 고향인 라트비아의 리가에서 베토벤의 첼로 소나타와 변주곡 전 작품을 이틀 밤에 걸쳐 라두와 함께 연주했습니다. 1969년에 있을 모스크바 음악원

---

* Mischa Maisky. 1948년 라트비아 공화국 리가에서 태어난 첼리스트. 모스크바 음악원에서 로스트로포비치를 사사했다. 루푸와는 같은 시기에 모스크바 음악원에서 수학했으며, 실내악 연주를 수차례 함께 했다. 1972년에 러시아에서 미국으로 건너간 후 이스라엘로 이주했다.

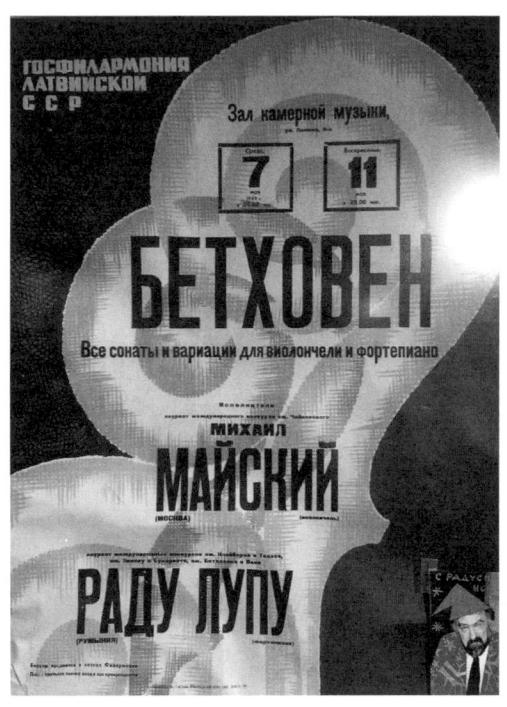

1969년 리가에서 열린 듀오 리사이틀의 포스터.

졸업시험의 리허설 격인 공연이었죠.

우리는 모스크바 음악원의 클래스 콘서트에서 프랑크의 첼로 소나타 A장조를 연주했습니다. 프랑크의 곡은 너무 길어서 1악장과 2악장만 연주하라는 교수님의 지시가 있었죠. 본 공연 전날 리허설을 했습니다. 라두는 부쿠레슈티에서 베토벤 협주곡 전곡을 연주한 직후였습니다. 처음 맞춰본 것치고 프랑크의 소나타 1악장은 아주 잘 맞았습니다. 라두는 "1, 2악장만 하긴 아까워. 전 악장 다 연주하자"라고 말하더군요. "라두, 넌 몇 번이나 이 곡을 연주했겠지만 난 한 번도 해본 적이 없어." "알아. 근데 쉬워. 3악장은 느리니까 괜찮아. 4악장은 엄청 심플하고. 내가 시도라솔파미, 이렇게 시작하면 네가 시도라솔파미, 이렇게." 제 말에 라두는 그렇게 말하더군요. "좋아, 그럼 해볼까." 저는 바로 그렇게 말했고, 결과는 아주 좋았습니다. 콘서트에서 우리는 악장 사이를 쉬지 않고 연달아 연주했습니다. 2악장과 3악장 사이는 너무 순식간에 넘어가서 듣는 사람에게 박수 칠 틈도 주지 않을 정도였습니다. 한 사람이 박수를 쳤는데, 라두는 전혀 개의치 않고 연주를 계속하더군요. 교수들은 깜짝 놀랐지요. 후에 라두의 부인이 되는 첼로 수업친구 리자(편집자 주: 엘리자베스 윌슨)만이 이 계획을 알고 있었죠. 그녀는 한 손에 녹음기를 든 채 싱글벙글 웃고 있었습니다. 이 일은 지금도 잊을 수 없는 추억이에요.

모스크바 음악원의 학생 기숙사에서 보낸 하룻밤도 잊을 수 없습니다. 우리는 리자의 방에서 맥주를 마셨습니다. 업라이트 피아노의 의자에, 라두는 피아노를 향해 앉고, 또 저는 라두와 등을 맞대고 앉아서는 리자의 첼로를 빌려 장난스럽게 연주하며 농담을 주고받았죠. 그러다가 갑자기 라두가 따단! 하고 A단조의 화음을 연주하는 겁니다. 물론 저는 곧바로 그게 생상스 첼로 협주곡 1번의 도입부임을 알았습니다. 라두가 오케스트라 파트를 치고, 우리는 협주곡을 처음부터 끝까지 쉬지 않고 연주했어요. 그런데 라두가 악보와 조금 다른 음으로 연주하는 부분이 있더군요. 연주를 끝내고 라두 쪽을 돌아봤더니, 세상에, 악보가 없는 겁니다. 악보를 완벽히 암기한 상태로 첼로 협주곡의 오케스트라 파트를 연주한 거죠. 저는 눈을 의심했습니다. 이 에피소드는 라두가 얼마나 재능 있는 사람인지를 보여주는 일례에 지나지 않아요. 그는 피아노 작품뿐만 아니라 다른 악기로 연주하는 작품도 전부 다 꿰고 있는 겁니다. 진심으로 놀랐어요.

그의 재능을 목격한 일화는 또 있습니다. 하루는 라두와 다니엘 바렌보임이 '곡 맞히기 놀이'를 하고 있더군요. 어떤 곡의 첫 화음, 혹은 첫 음의 연주만 듣고 곡명을 알아맞히는 게임이었습니다. 고작 음 하나로 어떤 곡인지를 맞힌다니 저는 믿기 힘든 광경이었죠.

1973년부터는 그의 런던 집에 자주 묵었습니다. 둘이 함께 TV로 축구 경기를 많이 봤죠. 그 무렵 그는 슈베르트의 소나타 전곡을 연주하는 일에 몰두했습니다. 내내 슈베르트 연습에 매진했는데, 그러면서도 윔블던의 경기를 보고 싶다는 욕구만큼은 이기지 못했습니다. 피아노 위에 소형 TV를 올려두고 연습을 하면서 경기를 보더군요. 저도 똑같이 하긴 했지만요. (웃음)

콩쿠르 때 일화를 말씀드리죠. 저는 그 자리에 없었지만, 다른 사람들에게 들은 이야기입니다. 영국의 리즈 국제 콩쿠르에서 우승했을 때의 일입니다. 1차 예선과 2차 예선에선 그가 압도적인 1위였습니다. 세미파이널은 자유 프로그램으로 구성된 한 시간짜리 리사이틀로, 당연히 모두가 기교를 과시할 수 있는 악곡을 선택했습니다. 리스트의 소나타 같은 종류의 곡이죠. 그런데 라두가 고른 곡은 정말이지 그다웠어요. 슈베르트의 즉흥곡 전곡 프로그램이었습니다. 아시는 대로 아주 세련되고 아름다운 작품이지만 콩쿠르에 적합한 곡은 아니지요. 세미파이널에서는 그의 진가를 발휘하지 못했던 모양입니다. 충분히 있을 수 있는 일이에요. 라두는 아주 섬세한 음악가이고 매번 같은 연주를 하는 기계가 아니니까요. 심사위원 사이에서 그를 뽑지 말자는 의견이 나왔습니다. 하지만 라두는 간신히 파이널에 진출할 수 있었습니다. 1차 예선에서 너무나도 우수했기 때문에 심사위원들이 파이널에 진출하는 인원을 급하게 늘렸던 겁니다. 그는 파이널리스트 중 최하위에 랭크된 상태라 일단 우승 가능성은 희박했습니다. 파이널에서는 과제곡 중 한 곡을 연주해야 합니다. 거기서 라두는 놀랍게도 베토벤의 협주곡 다섯 곡 중에서 심사위원이 직접 골라주기를 바란다고 요청했습니다. 파이널에 진출한 인원이 늘어난 탓에 협주곡 전 악장을 연주할 시간이 없었으므로, 심사위원은 3번 협주곡의 1악장과 2악장만 연주하도록 지시했습니다. 그렇게 되면 완서악장*으로 끝나기 때문에 이 역시 콩쿠르에는 적합하지 않았지만, 아무래도 라두의 마법 같은 연주에 모두가 매료된 모양입니다. 논의할 것도 없이 라두는 우승했습니다. 확실히 다른 후보자와는 차원이 다른 연주였던 거죠.

그는 리즈에 앞서 밴 클라이번 콩쿠르에 나갔습니다. 그해엔 왜인지 러시아 피아니스트가 많이 참가했어요. 라두는 원래 피아노가 아니라 작곡 공부를 하기 위해 모스크바에 갔습니다. 부전공으로 피아노를 배우던 학생이었던 거죠. 그가 밴 클라이번 콩쿠르에 참가하기 위해 텍사스로 향했을 때, 모스크바 음악원의 학생들은 '라두 루푸가 밴 클라이번 콩쿠르에 나

---

* 박자가 느릿한 악장으로, 주로 소나타, 교향곡 등에서 안단테나 아다지오 등으로 이루어진 2악장이나 3악장을 이른다.

간다니 어이가 없다'며 코웃음을 쳤어요. 그러나 그는 우승을 거머쥐었습니다.

라두는 아주 겸손하고 점잖은 사람입니다. 어쩌면 훌륭한 지휘자가 되었을지도 모르지요. 그의 지식과 음악성은 실로 놀랍습니다. 라두는 영국 실내 관현악단을 지휘했던 적이 있어요. 모차르트 피아노 협주곡의 연주와 지휘를 끝낸 후 슈베르트 교향곡 5번을 지휘했죠. 모든 음을 다 외웠음에도 불구하고 막상 지휘해야 하는 순간이 오자 그만 얼어붙고 말았다고 합니다. 영국 실내 관현악단은 지휘자 없이도 연주할 수 있으리라 믿고 그저 방해만 되지 않게끔 했다고 하더군요. 콘서트가 끝난 후 그는 제게 이렇게 말했습니다. "내 인생 제일 무시무시한 경험이었어. 앞으로 두 번 다시 지휘는 안 할 거네!"

그는 유일무이한 음악가입니다. 물론 훌륭한 피아니스트는 많지만, 라두에겐 듣는 사람을 취하게 만드는 힘이 있어요. 콘서트뿐만 아니라 음반으로도 사람을 황홀하게 만드는 몇 안 되는 음악가 중 하나입니다. 초기 음반인 베토벤의 '월광' 소나타 한 곡만 들어봐도, 그건 라두 루푸 그 자체입니다. 첫 음부터 마지막 음까지 라두 루푸. 이건 굉장한 일이에요.

라두는 늘 모차르트, 슈베르트, 베토벤, 브람스만을 연주한다는 이미지가 있습니다. 실제로 그는 레퍼토리를 극단적으로 제한합니다. 예전에는 그가 프랑스 음악을 별로 좋아하지도, 높이 평가하지도 않는다고 생각했습니다. 하지만 브뤼셀의 릴 미술관에서 그가 연주한 드뷔시의 전주곡집 제2권은 잊을 수가 없어요. 건반을 거의 건드리지 않는, 꼭 고양이 같은 터치였는데, 그 소리는 정말이지 믿기 힘들 만큼 아름다웠습니다.

라두를 신봉하는 음악가는 많습니다. 그중 하나가 바로 마르타 아르헤리치*입니다. 라두의 75세 생일날(2020년), 그녀는 제게 어느 라디오 방송의 링크를 보냈습니다. 피아니스트 필리프 카사르가 진행하는 방송의 '루푸 특집'이었는데, 마르타는 라두가 연주하는 리스트 피아노 소나타 B단조의 라이브 녹음을 듣고 압도되었다고 하더군요. 저도 라두가 리스트의 소나타를 연주하는 건 상상해본 적이 없었습니다. 라두는 완벽주의자예요. 그에겐 양보다 질이 중요하죠. 그는 어떤 곡으로 '뭔가 특별한 일을 할 수 있다'는 확신이 들 때까지는 그 곡을 무대에서 연주하지 않아요. 그게 그가 특정 레퍼토리만을 연주하는 이유입니다.

* Martha Argerich. 아르헨티나 출신의 피아니스트. 1965년 쇼팽 국제 피아노 콩쿠르에서 우승했으며, 20세기를 대표하는 피아니스트 중 하나로 꼽히는 명연주자다.

그는 다양한 의미로 말에 대한 불만이 있었습니다. 제게도 같은 문제가 있었기 때문에 그의 마음을 이해할 수 있습니다. 저도 그와 마찬가지로 젊을 때 조국을 떠났습니다. 라두는 10대 때 조국 루마니아를 떠나 러시아에서 공부했어요. 그 후 루마니아에 돌아가지 않고 영국에서 살았죠. 영국에서 살 때는 영어를 유창하게 구사했고, 다른 언어로도 말할 수 있었습니다. 하지만 라두는 제게 이렇게 말하더군요. "난 언어 문제 때문에 괴롭다네. 그 어떤 언어도 완벽하게 구사할 수 없거든." 그의 러시아어는 물론 완벽하진 않았지만 아주 훌륭한 수준이었습니다. 영어, 독일어, 프랑스어는 그에게 외국어일 뿐이었고, 심지어 그는 모국어인 루마니아어조차 오랜 시간 쓰지 않고 지냈죠. 그래서 항상 만족하지 못하고 막연한 불안감을 느꼈던 겁니다. 그는 자기가 능력 부족이라는 생각이 든다고 푸념했지만, 사실은 터무니없을 만큼 지적인 사람입니다.

러시아에서는 늘 서로 농담을 주고받곤 했습니다. 라두는 세련된 농담과 말장난을 굉장히 좋아하지요. 라두의 농담을 빌려와 친구들을 웃긴 적이 얼마나 많은지 모릅니다. 라두의 생일엔 늘 그에게 메일을 보내 '라두 조크'를 떠올리게 만든답니다.

2021년 1월 30일

기고

보리스 페트루샨스키*

모스크바에서 쌓은 루푸와의 추억은
제 기억 속 깊이 새겨져 있습니다

　모스크바 음악원에 부속된 중앙음악학원의 학생이었던 제가 이 미스터리한 주문 같으면서도 외우기 쉬운 이름을 처음 들은 건 지금으로부터 50년도 더 전의 일입니다. 그 이름은 고풍스럽고도 흥겨운 느낌을 풍겼고, 더불어 남자답고 매혹적인 에너지를 뿜어냈습니다. 1964년, 당시 아직 9학년 학생이었던 저는 겐리흐 구스타보비치 네이가우스의 문하에 들어가도록 허가를 받았고, 그 결과 그의 마지막 제자가 되었습니다. 네이가우스 선생님이 같은 해에 돌아가신 후, 저는 그의 조수였던 훌륭한 음악가 레프 니콜라예비치 나우모프를 사사했습니

* Boris Petrushansky. 피아니스트. 1949년 모스크바에서 태어나 모스크바 음악원에서 겐리흐 네이가우스를 사사했다. 루푸와는 같은 음악원에서 수학했으며, 1969년 리즈 국제 콩쿠르에 함께 참가했다. 부소니 국제 피아노 콩쿠르와 비오티 국제 콩쿠르 등의 심사 위원을 역임했다.

다. 당연한 일이지만 겐리흐 구스타보비치의 '일족', 즉 그의 조수들(나우모프 외 예브게니 바실리예비치 말리닌, 스타니슬라프 겐리호비치 네이가우스)을 사사한 학생들은 저와 동급생들에게 음악적 관심의 대상이 되었습니다. 그중 하나가 라두였지요. 그의 독자성과 자유롭고 창조적인 사고는 늘 두드러졌습니다. 그가 빈 베토벤 국제 콩쿠르에서 입상하고 곧바로 텍사스로 가서 거대한 난관과도 같은 밴 클라이번 콩쿠르에서 우승한 후, 모국 루마니아에서 열린 제오르제 에네스쿠 국제 콩쿠르까지 제패했을 때 받았던 충격을 기억합니다. 그건 상상도 할수 없을 만큼 대단한 성공이었습니다. 당시 저는 아직 그와 친한 사이가 아니었습니다. 어쨌든 저는 아직 어린 소년이었고 그는 이미 국제적인 스타였으니까요. 그러나 1967년 제가 음악원에 입학한 후로 자주 만나게 되면서 그만큼 교유가 깊어졌습니다. 그렇게 우리는 네 살이라는 나이 차에도 불구하고 친구가 되었습니다. 모스크바에서 생활하면서 제 기억에 깊이 각인된 몇몇 에피소드와 추억은 이 훌륭한 음악가의 특징을 고스란히 말해줍니다.

하루는 음악원의 탈의실 근처 복도에 모인 학생 무리 속에 라두가 있더군요. 그와 제가 리즈에 가기 몇 달 전의 일입니다. 당연히 우리는 서로가 콩쿠르를 위해 어떤 프로그램을 준비 중인지 알고 있었습니다. 라두는 제게 동의를 구하지도 않고 마치 아주 당연한 일이라는 듯이, 심지어 제게 눈길조차 주지 않은 채로 베토벤 피아노 협주곡 4번 악보를 건네며 말하더군요. "내일 네이가우스의 클래스 콘서트에서 반주를 해줬으면 하는데. 다른 사람이 하는 건 싫거든." 저는 너무나도 단호한 그의 정직함과 저를 향한 신뢰의 표현에 할 말을 잃었습니다. 그도 그럴 것이 라두 루푸에게 받은 요청이니까요! 그는 이런 말도 덧붙였습니다. "너도 이 협주곡을 연주할 거잖아." 협주곡의 솔로를 연주할 거라면 제2피아노를 맡아서 오케스트라 파트도 솔로 파트만큼 완벽하게 연주할 수 있어야 한다는 것, 그게 그에겐 당연한 일이었던 것입니다. 저는 오케스트라 파트의 반주를 알고 있긴 했습니다. 하지만 바로 다음 날 정식 반주를, 그것도 스타니슬라프 네이가우스의 수업에서 라두 루푸와 함께 연주하다니! 제게는 엄청난 일이었습니다. 리허설도 거의 없이 연주했음에도 어찌어찌 무사히 끝이 났습니다. 그날, 당시 네이가우스가 살던 모스크바 근교 페레델키노에 있는 별장에서 축배를 들었지요. 그 별장은 시인 보리스 레오니도비치 파스테르나크가 소유한 곳으로, 네이가우스의 어머니는 파스테르나크의 두 번째 부인이었습니다. 이 일화는 뭘 말해줄까요? 라두가 친구인 저를 대등한 음악가로 신뢰해주었다는 것입니다. 이러한 겸허함, 훌륭한 동료 의식, 타인의 성공을 일절 시기하지 않고 오로지 음악에만 몰두하는 자세가 이 예술가를 항상 특별하게 만들었습니다.

  또 하나의 그리운 추억은 라두의 전광석화처럼 빠른 반응 속도와 놀라운 기억력에 관한 일화입니다. 1969년 겨울 혹은 초봄의 일로 기억합니다. 위대한 음악가로 모스크바에서 인기가 높았던 피아니스트 존 오그던이 영국에서 모스크바로 왔습니다. 그의 솔로 리사이틀이 차이콥스키 콘서트홀에서 열렸지요. 티켓은 진작 매진되었지만, 음악원의 클래스메이트인 리자 윌슨(엘리자베스 윌슨)이 우리의 구세주였습니다. 소련에 주재 중인 영국 대사였던 그녀의 아버지가 음악원생들을 위해 티켓 몇 장을 확보해준 것입니다. 리자는 콘서트가 끝난 후 대사관에서 이 위대한 예술가에게 경의를 표하기 위한 리셉션이 열린다고 했고, 우리는 모두 그 자리에 참석하게 되었습니다―모두라는 건 과장이고 친한 친구 몇 명이었죠. 오그던의 훌륭한 연주회가 끝난 후, 우리는 겨우겨우 대사의 차에 올라탔습니다. 움직이는 건 물론이고 숨조차 쉬기 힘들 정도로 다닥다닥 붙어 앉았죠. 다행히 연주장이 있는 마야콥스키 광장에서 소피스카야 나베레즈나야―크렘린에서 그리 멀지 않은 곳이죠―까지는 차로 15분 만에 갈 수 있었습니다. 라두의 친구로, 베토벤이 첼로와 피아노를 위해 작곡한 전 작품을 함께 연주한 미샤 마이스키를 포함한 우리 일행이 거대한 롤스로이스에서 내려 2층에 올라갔을 때는 이미 리셉션 준비가 다 끝난 상태였습니다. 하얀 그랜드 피아노가 뚜껑을 연 채로 기다리고 있었지요. 너무나도 겸손하고 부끄럼이 많은 오늘의 주인공 존 오그던을 모두가 애타게 기다렸고, 그가 도착하자마자 저녁 식사가 시작되었습니다. 잠시 후 오그던은 자리에서 일어나 피아노로 다가가더니 조지 거슈윈의 〈랩소디 인 블루〉를 연주하기 시작했습니다. 사실 이 작품은 피아노 솔로 버전도 있습니다. 그 연주를 듣던 라두가 물었습니다. "대사관에 피아노가 한 대 더 있나요?" 이 갑작스러운 질문에 주위가 술렁였지만 대사님은 차분하게 대답했습니다. "있긴 한데 1층 내 사무실에 있단다." 라두는 즉시 말했습니다. "반주를 하고 싶어. 피아노를 가지러 가자!" 이건 농담이 아니었습니다. 원래 그랜드 피아노는 무게가 수백 킬로그램은 나가기 때문에 전문가가 해체해서 옮겨야 합니다. 그러나 이것저것 재며 머뭇거릴 시간이 없었습니다. 〈랩소디 인 블루〉는 고작 20여 분 정도 되는 곡이고, 피아노를 옮겨줄 전문가는 없었죠. 라두와 미샤와 저는 대사관 직원과 함께 급히 1층으로 내려가 다리와 페달의 나사를 풀지 않은 채로 피아노를 위로 옮겼습니다. 사무실 원목 문에 약간 흠집을 내긴 했지만요. 가장 큰 모델은 아니었지만 일고여덟 명이 들어서 2층까지 옮기는 건 정말 힘든 일이었습니다. 거슈윈의 악보를 완벽하게 외우고 있던 라두는 화려하게 반주를 시작했지만, 곧 오그던의 연주가 끝나버리는 바람에 두 사람의 협연도 거기서 끝나고 말았습니다. 이렇게 될 줄 미리 알았더라면 이 두 사람의 역사적인 협연을 전부 들을 수도 있었을까요? 우리가 들었던 건 마지막 부분뿐이었습니다.

이 에피소드는 라두의 총명함과 음악가로서 즉시 반응하는 능력, 그 어떤 장애나 문제도 개의치 않고 예술적 결과만을 추구하는 자세를 잘 보여줍니다. 그의 경이로운 기억력은 말할 것도 없고요. 그에겐 다종다양한 양식의 악곡을 머릿속에 저장해두고 악기를 이용해 그걸 자유자재로 재현하는 능력이 있었습니다.

리즈 콩쿠르 때는 연습 도중 틈틈이 여러 교향곡을 열심히 연주해서 다른 참가자들까지 끌어들이곤 했던 걸로 기억합니다. 본선에서는 협주곡을 하나 연주해야 했는데, 라두는 베토벤의 협주곡 다섯 곡을 다 준비하고는 심사위원에게 고르게 할 작정이었습니다. 원래 그는 자신이 좋아하는 4번을 연주할 예정이었지만, 연주 직전에 제게 이렇게 말하더군요. "네가 연주하는 4번에는 못 미쳐. 난 3번을 연주할 거야." 예술가가 자신이 가장 소중히 여기는 것을 다른 이에게 양보한다는 건······ 그야말로 우정의 증표 그 자체입니다.

리즈 콩쿠르에서 우승한 후, 라두는 제게 여섯 번의 콘서트를 대신 치러달라고 했습니다. 영국의 콘서트 주최자가 입상자를 위해 개최하는 콘서트였지요. 결국 라두는 주최자의 요청대로 이 연주회에 직접 출연했고, 영국에서 공전의 대성공을 거두었습니다. 그는 인기 스타가 되었습니다. 그때 그에겐 친구를 돕고 싶다는 마음이 있었던 거겠지요. 지금 같은 시대에는 생각도 할 수 없는 일입니다. 콩쿠르의 승자가 다른 참가자와 포상을 나누려고 하다니요…….

모스크바가 아닌 다른 도시에서 라두와 나누었던 교유도 기억합니다. 1973년 10월, 저는 도쿄에서 라두와 리자를 만날 수 있었습니다. 마침 거기서 투어 중이었던 거죠. 라두는 리즈 콩쿠르가 끝난 뒤로 모스크바에 돌아오지 않았기 때문에 우리는 4년 만에 반가운 재회를 했습니다. 도쿄에 머무는 동안 들었던 슈베르트의 소나타 14번 A단조의 그 훌륭한 연주는 잊을 수가 없습니다. 온통 암흑에 잠긴 홀에서, 무대 끝에서 등장한다기보다 꼭 어디선가 홀연히 모습을 드러내는 듯한 느낌으로 라두가 나타났습니다. 피아노를 비추는 단 하나의 조명 아래서 창조적이고 신비로운 마법이 시작되었습니다. 적막한 슬픔으로 가득 찬 첫 인토네이션부터 절망의 힘으로 공간을 폭발시키는 마지막 옥타브까지, 그야말로 마법 같은 연주였습니다. 잊을 수 없는 경험이었지요.

그 후 1991년에 저는 가족들과 함께 이탈리아로 이사했고, 거기서 라두와 여러 번 만났습니다. 이주하기 전에 로마에서 산타 체칠리아 관현악단과 라두가 협연한 브람스 피아노 협주곡 1번을 들었습니다. 그의 연주는 아름답고 힘이 넘쳤으며, 모든 음에서 숭고한 해석과 남다른 창조적 열정, 음악을 향한 헌신과 자유자재의 표현력이 느껴졌습니다. 거의 매년 정기적으로 우리는 볼로냐와 그 근교 도시에서 열리는 그의 콘서트에 갔습니다. 그는 늘 과묵했지만, 그러면서도 나와 아내 엘레나에겐 아주 따뜻하게 대해주었고 즐거운 대화도 나누었습니다. 농담도 자주 했는데, 예컨대 R 발음으로 서로 경쟁하면서 "그 R 발음은 도대체 어떻게 하는 거야? 한번 해봐. 난 안 되는데"라며 모두를 웃게 했습니다. 마지막엔 볼로냐에서 전화를 걸어 와서는 엘레나에게 콘서트에 오지 않았으면 좋겠다고 하더군요. 제대로 연주할 자신이 없다는 게 그 이유였습니다. 그는 클라우디오 아바도가 지휘하는 모차르트 관현악단과 모차르트 협주곡 27번 B플랫장조 K.595를 연주할 예정이었습니다. '최소한 리허설만이라도 듣게 해달라'고 아내가 부탁하자 그건 허락해주었습니다. 저는 오후엔 바빴기 때문에 저녁 무렵에야 만초니 극장으로 향했습니다. 그리고 콘서트가 끝난 후 대기실로 찾아가 말했습니다. "라두, 여자를 속이면 못써. 제대로 연주를 못 하긴 무슨. 굉장한 연주잖아." 그의 연주는 독보적인 수준으로 뛰어나 선禪의 경지를 떠올리게 했습니다. 한없이 친밀하고 순수한 명상—그 어떤 갈등도 존재하지 않는 열반 같은 연주였습니다. 듣는 이를 흠뻑 도취시키고 몰두하게 만들어버리더군요. 스스로 선택한 그 길에 매진하기 위해 그는 마음을 얼마나 많이 정화해야 했을까요? 아주 강렬하게 기억에 남은 경험이었습니다.

라두는 그의 음악 인생 후반에도 도전을 이어나갔습니다. 그때까지 고수해왔던 레퍼토리—즉, 빈의 고전파 중 그가 사랑해 마지않는 슈베르트와 브람스 등의 작품—에 아마 그 자신도 아주 의외였을 작품을 차례로 추가한 것입니다. 그의 프로그램에는 리스트의 B단조 소나타, 차이콥스키의 〈사계〉, 드뷔시의 전주곡집, 거슈윈의 전주곡들, 버르토크의 피아노 협주곡 3번, 거기에 슈만의 〈후모레스케〉와 〈어린이 정경〉 등 여러 작품이 더해졌습니다. 모두 대단한 연주였지요. 그는 슈베르트나 브람스보다 더 개방적이고 열렬한 낭만파의 작품, 색채가 풍부하고 화려한 드뷔시나 라벨의 작품 등, 그때까지 기피해왔던 영역을 연마함으로써 새로운 경지에 도달한 것입니다. 라두는 이렇게 용기를 내어 도전하고 재구성한 이 레퍼토리로 굉장히 흥미로운 성과를 냈습니다. 그가 이탈리아 페라라에서 드뷔시의 전주곡집을 근사하게 연주했던 때가 생각납니다. 콘서트 후반에 전주곡집 1권을 연주하고, 전반에는 슈베르트 소나타 17번 D장조를 연주했지요. 연주회가 끝나고 제가 드뷔시의 전주곡집 2권에 대해 묻자, 그는 저를 물끄러미 보며 말했습니다. "왜 내가 전주곡집 2권을 연주하지 않는지 알지?" "'교대하는 3도' 때문인가?" 제가 되묻자 그는 고개를 끄덕이더군요. 이 전주곡은 기술적으로 굉장히 성가십니다. 라두는 대단한 손을 가졌음에도 불구하고 자기는 기교가 없다고 늘 불평하곤 했습니다. 저는 그렇지 않다고 확신하지만요……. 저는 텍사스의 밴 클라이번 콩쿠르에서 프로코피예프 피아노 협주곡 2번 1악장을 제2피아노와 함께 연주하는 과제가 나왔던 일을 라두에게 상기시켰습니다. 그 협주곡에는 터무니없이 어려운 카덴차*가 있습니다. 라두는 그걸 연주해 보였습니다. 그리고 우승했지요! 이래도 기량이 부족하다고 말할 수 있을까요? 그의 믿기 힘들 만큼 꼼꼼한 성격과 강한 책임감이 그의 레퍼토리에 제약을 걸어버린 것입니다. 라두가 후에 전주곡집 2권을 레퍼토리에 포함시켰다는 사실을 말해두죠.

라두의 성실함과 대응력, 겸허함에 대해 이야기해보겠습니

---

* 악곡이나 악장이 끝나기 직전에 연주자가 최대한 기교를 발휘할 수 있도록 구성된 화려하고 자유로운 무반주 부분을 말한다.

다. 언젠가 브람스의 〈슈만 주제에 의한 변주곡〉과 피아노 소나타 2번, 그리고 〈네 개의 발라드〉를 녹음한 제 CD를 그에게 보낸 적이 있습니다. 라두는 얼마 후 전화로 아주 상세하고 명확한 감상을 들려주었습니다. 어느 부분이 특히 마음에 들었는지, 반대로 어느 부분이 마음에 걸렸는지…… 브람스 발라드에서 그가 잘 칠 수 있는 부분과 소나타에서 제가 잘 연주한 부분 같은 것들을 이야기해주었지요. 오랜 두 친구가 빈말은 다 빼고 허심탄회하게 나눈, 아주 솔직하고 명쾌한 대화였습니다. 제가 그에게 변주곡 연주에 대해 어떻게 생각하는지 묻자 그는 딱히 할 말이 없다고 답했습니다. 그러고는 놀랍게도 다소 역설적이기는 하나 굉장히 명확한 말을 하더군요. 그의 음악가로서의 자제심과 겸허함을 새삼 느끼게 하는 말이었습니다. "그게(변주곡) 나를 별로 좋아해주지 않는다니까!" 즉, 그는 '나는 그 작품을 좋아하지 않는다'고 말하지 않고, '그 작품이 나를 좋아하지 않는다'고 말한 겁니다. 이는 네이가우스의 저서 『피아노 연주 예술』속 한 구절과 상통합니다. 한 학생이 베토벤의 '열정' 소나타가 지긋지긋하다고 큰 소리로 말하자 네이가우스는 이렇게 반론했습니다. "지긋지긋해하는 건 자네가 아니라 작품이네!" 라두가 이 말을 알고 있었는지는 확실치 않지만, 아마도 알고 있었겠지요. 아무튼 이 위대한 두 예술가의 윤리관은 명백히 일치합니다.

공적인 자리에서 연주하기를 단호하게 거부하고 CD 녹음에도 소극적인 라두가 다시금 무대로 돌아올 날을 저는 고대하고 있습니다. 하늘의 뜻으로 이 유일무이한 음악가의 특별한 연주를 다시 즐길 수 있는 날이 올까요? 사람들의 영혼을 정화해주고 희열을 불러일으키는 라두의 훌륭한 예술을 누릴 수 있는 날이 다시 올까요? 라두, 아무쪼록 영원히 우리를 기쁘게 해주게나!

기고

안 케펠레크*

첫 음을 듣는 순간 마음속에 퍼진 감동과 감탄을
평생 잊을 수 없을 것입니다

1969년 9월, 리즈 국제 피아노 콩쿠르. 난생처음 영국에 가
게 된 저는 콩쿠르는 뒷전이었습니다. 드디어 진짜 영국인들
에게 영어로 말을 걸 수 있게 됐다며 가슴 떨려 했죠. 그해 리
즈 콩쿠르에는 100명이 넘는 참가자가 모였습니다. '여기서 20
명만 선발되니 내가 2차 예선에 올라가는 일은 없겠지' 그렇게
스스로를 타이르며 평정심을 유지했습니다. 연주를 끝내자마
자 저는 결과를 기다리지 않고 홀로 자리에 가 앉았습니다. 이
젠 듣는 쪽이 될 수 있다는 기쁨과 해방감을 느끼며 각국에서
온 피아니스트들의 연주에 집중하기 시작했지요.

당시 아직 무명이던 루마니아인이 처음 몇 음을 연주했습

* Anne Queffélec. 1948년 파리에서 출생한 피아니스트. 1968년 뮌헨 국제 콩
쿠르에서 우승했다. 루푸와 1969년 리즈 국제 콩쿠르에 함께 참가했다.

리즈 국제 피아노 콩쿠르(1969년)에서 안 케펠레크(앞줄 오른쪽 끝)와
라두 루푸(뒷줄 오른쪽에서 두 번째).

니다. 그게 라두 루푸였습니다. 그 순간 마음속에 퍼진 감동과 감탄을, 저는 평생 잊을 수 없을 것입니다. 하이든의 〈안단테 와 변주곡〉 F단조의 주제가 젊은 연주가의 손가락 사이에서 소박하면서도 구슬프고 부드럽게 울려 퍼졌고, 그 시정詩情이 제 마음을 뒤흔들었습니다. 아름다운 소리, 아름다운 프레이 징*에서 탄생하는 신비로운 세계를 마주한 우리는 홀에 있다 는 사실도, 콩쿠르 중이라는 사실도 까맣게 다 잊고 어딘가 다 른 공간으로 이끌려갔습니다. 라두의 '마법'에 걸린 저는 이곳 리즈에 그에게 필적할 사람은 없다는 사실을 즉시 깨달았습니 다. 그리고 그 후 콩쿠르가 진행되는 내내, 이른바 '연주 천재' 를 목격하고 있다는 감각에 휩싸여 있었지요. 다행히 저도 파 이널에 진출해서 마지막 날까지 라두와 자주 만날 수 있었습 니다. 그와는 같은 연습실을 썼고, 화기애애한 대화를 주고받 는 사이 점점 연대감이 깊어졌습니다. 콩쿠르 파이널 때 라두 가 연주한 베토벤 피아노 협주곡 3번의 완서악장[2악장]은 잊 을 수가 없습니다. 꼭 시간이 멈춘 것 같았어요.

이 오래전 일이 있은 후로, 저는 라두의 연주를 듣는 행복한

---

* 음악의 흐름을 유기적인 의미와 내용을 갖는 자연스러운 악구로 분절하는 연주법.

경험을 할 때마다 그에게만 속해 있는 특별한 세계 깊숙한 곳으로 파고드는 듯한 느낌을 받았습니다. 그런 느낌을 주는 건 라두처럼 위대한 연주가만이 하늘에서 부여받는 재능입니다. 그가 파리 리사이틀에서 슈베르트의 유작인 소나타 20번 A장조의 연주를 마쳤을 때, 저는 이제껏 경험해보지 못한 아름다운 순간의 여운에서 벗어나지 못한 채로 대기실을 방문했습니다. 드물게 라두는 자기 연주에 화가 나지 않은 상태였습니다. "안." 그는 생긋 미소 지으며 저를 부르더니 독특한 프랑스어로 이렇게 말했습니다. "응, 좋은 연주였던 거 같아. 나 자신을 잊었으니까. 나는 나를 잊으면 연주가 잘되거든!"

음악이 존재하는 이유는 말로는 모든 것을 다 표현할 수 없기 때문이라고 생각합니다. 음악은 시간과 정적에서 탄생하는 조각입니다. 그리고 라두 루푸는 눈에 보이지 않고 형체도 없는 그 소재를 다루는 가장 위대한 조각가 중 한 사람입니다.

정경화*

라두가 연주하는 음악의 마법이 가진 힘에 의해
듣는 이의 영혼은 하늘로 날아갑니다

라두의 리사이틀에 몇 번이나 갔는지 모릅니다. 그 무렵엔 저도 런던에 살았는데, 그의 모든 콘서트에 다 갔다고 해도 과언이 아닐 정도예요. 최초의 음을 연주하는 순간, 라두는 이미 다른 세계에 있습니다. 라두의 음악은 모든 것을 초월합니다. 루빈스타인, 리흐테르, 호로비츠, 제르킨 등 무수히 많은 거장 피아니스트의 연주를 라이브로 들었지만, 라두의 음악은 각별합니다. 사색으로 가득한 음악이에요. 음악이 그의 손을 거치면 마법적인 힘을 갖게 되고, 듣는 이의 영혼은 그 힘에 의해 하늘로 날아갑니다. 그러면서도 그의 음악은 한없이 인간적이며 믿기 힘들 만큼 간결하지요.

* 바이올린 연주자로 1948년 서울에서 태어났다. 12세에 미국으로 건너가 줄리아드 음악학교에서 공부했다. 1977년, 데카 레이블에서 프랑크와 드뷔시의 바이올린 소나타를 루푸와 함께 녹음했다.

라두와는 1969년, 제가 스물한 살일 때 처음 만났습니다. 미샤 마이스키, 그리고 후에 라두의 첫 번째 부인이 되는 리자가 함께 있었지요. 라두는 리즈 콩쿠르에서 우승한 직후였고, 그와 저는 같은 매니지먼트 회사인 해리슨 패럿에 소속되어 있었습니다.

  그 무렵엔 콘서트가 끝나면 음악 동료들이 피아노 선생님인 마리아 쿠르치오의 집에 모여 체스를 두는 게 정해진 패턴이었습니다. 거기서 맛있는 식사와 와인을 즐기며 수다를 떨곤 했지요. 아직 열일곱 정도이던 제 남동생 명훈이가 그 모임에 오는 일도 종종 있었어요.

  저는 런던에서 데뷔한 직후에 시몬 골드베르크와 릴리 크라우스의 연주 녹음을 듣게 되었고, 시몬의 너무나도 아름다운 소리에 깜짝 놀라 그에게 꼭 배우고 싶은 마음에 레슨을 받았습니다. 그 무렵 시몬은 라두와 협연이 잦았기 때문에 시몬과 함께 라두의 콘서트를 들으러 가곤 했어요. 크리스토퍼 래번이 프로듀싱을 맡은 시몬과 라두의 음반《모차르트: 바이올린 소나타집》,《슈베르트: 바이올린과 피아노를 위한 작품집》의 대단함이란. 그리고 퀸 엘리자베스 홀에서 그들이 했던 콘서트는 지금도 잊을 수 없습니다.

  라두와 저는 데카에서《프랑크 & 드뷔시: 바이올린 소나타집》을 녹음했고, 그 외에도 콘서트에서 모차르트나 베토벤의 작품을 함께 연주하기도 했습니다. 그가 내는 소리의 존재감은 정말로 특별했어요. 라두는 연습을 굉장히 싫어해서 10분을 치고 나면 바로 쉽니다. 솔로 콘서트 때는 긴장하는 듯했지만 듀오일 때는 전혀 긴장하지 않았어요. 반대로 저는 무조건 리허설이 필요했기 때문에 리허설이 부족한 상태로 무대에 오르면 극도로 긴장했습니다. 그런데 라두는 리허설 없이도 마치 신처럼 연주를 하더군요. 저는 초조하기만 했죠.

그런 그도 레코딩을 할 때는 아주 진지해서, 우리는 거듭 리허설을 했습니다. 하지만 라두와 저는 둘 다 녹음을 무척 싫어했어요. 녹음이 가능했던 건 크리스토퍼 래번 덕분이죠. 그는 너무나도 훌륭하고 전설적인 레코딩 프로듀서이자 제 인생에 있어 아주 소중한 친구입니다. 크리스토퍼가 라두와 저를 마음에 들어 해서 우리 두 사람이 함께한 녹음을 진행하게 된 겁니다. 그러나 라두와 저는 그 녹음의 결과물이 전혀 마음에 들지 않았고, 둘 다 발매를 거부했습니다. 그로부터 3년이 흐른 어느 날, 크리스토퍼가 라두와 저를 데카의 스튜디오로 부르더군요. 크리스토퍼가 스튜디오 중앙에 앉아 재생 버튼을 눌렀고, 그건 3년 전 그 드뷔시와 프랑크 녹음이었습니다. 우리는 일단은 조용히 앉아 듣기 시작했습니다. 저는 말없이 집중했고 라두도 침묵했죠. 2, 3분간 침묵이 이어지던 그때 크리스토퍼가 입을 열었습니다. "라두, 어떻게 생각하나?" "음, 미즈정이 괜찮다면 나는 좋아." 그런 다음엔 제게 묻더군요. "경화, 어떻게 생각해?" "루푸 씨가 좋다면 저도 좋아요." 크리스토퍼는 생긋 웃으며 말했습니다. "좋아, 그럼 발매하지!" 이렇게 해서 지금 이 녹음이 세상에 존재하는 겁니다.

그 후로 라두와 함께 연주하는 일은 없었습니다. 라두는 녹음을 좋아하지 않았고 저는 그 마음을 존중하고 싶었거든요. 스튜디오에 갇힐 때마다 늘 허둥댔던 걸 보면 어지간히 마음이 불편했던 거겠죠. 그와 협연할 수는 없었지만 런던에서 그의 콘서트를 들으러 다녔던 1970년대부터 지금에 이르기까지, 라두의 음악을 듣는 일은 제게 최고의 기쁨입니다. 요즘엔 유튜브에 업로드된 그의 라이브를 듣는 게 저의 낙인데, 한번 듣기 시작하면 시간을 잊고 끝없이 듣게 됩니다. 왜냐하면 라두야말로 제가 유일하게 칭송하는 특별한 음악가니까요. 그와 함께 연주했던 경험은 제 최고의 보물입니다.

2019년 12월 11일

디디에 드코티니*

친구로서, 녹음을 싫어하는 라두를
더 이상 괴롭히고 싶지 않습니다

라두와의 첫 만남은 1980년 무렵이었습니다. 바렌보임이 지휘하는 파리 관현악단과의 협연에서 그가 연주한 모차르트 피아노 협주곡을 들었지요. 아직 데카에서 근무하기 전 일이었고, 순수하게 팬으로서 만났던 겁니다. 당시 저는 런던에서 라두와 같은 지역에 살았기 때문에 그때부터 빠르게 친해졌어요. 파리로 옮긴 후에도 앙드레 프루노가 프로듀싱한 피아노 시리즈나 오케스트라 협연 등을 통해 라두의 음악을 들을 수 있었습니다.

* Didier de Cottignies. 1982~2002년 데카 레이블의 마케팅 부장을 지냈고 그후로는 아티스트 관리를 담당했다. 2002~2009년에는 프랑스 국립 관현악단의 사무국장, 2009~2017년에는 파리 관현악단의 예술 감독, 2018년부터 몬테카를로 관현악단의 아티스틱 매니저로 일했다. 루푸와는 데카에서 근무하던 시절부터 오랜 친구 사이였다.

데카에서는 주로 마케팅 업무를 하다가 조금씩 아티스트 쪽 업무에도 관여하게 되었습니다. 저는 마케팅 부장이었으니 라두의 인터뷰 거부를 치명적인 부분이라 여겨야 했는지도 모르죠. 하지만 굳이 설득하려 들지는 않았어요. 라두는 제게 이렇게 말하더군요.

"사진의 피사체가 되기 싫어하는 사람이 많잖아. 카메라 앞에 있으면 어떻게 해야 할지 모르겠어서 영 불편해. 녹음 마이크 앞에서도 마찬가지고. 마이크가 거슬려서 내가 하고 싶은 말을 할 수 없게 되거든."

이 말을 듣고 저는 그의 진심을 이해하게 되었습니다. 라두는 인터뷰에 일절 응하지 않았는데, 음악계에는 그런 사람이 몇 있습니다. 카를로스 클라이버*도 그중 하나죠. 우리는 그들을 존중해야만 합니다.

그가 데카에서 처음으로 솔로 녹음을 중단했던 건 1982년입니다. 저는 그보다 조금 앞서 데카에 입사했죠. 슈베르트의 즉흥곡집을 녹음한 후 라두가 더 이상 녹음은 하고 싶지 않다고

---

* Carlos Kleiber. 1930년 독일에서 태어난 오스트리아 지휘자. 특유의 리드미컬하고 디테일한 지휘를 통해 전설적인 지휘자로 손꼽히는 인물이다. 엄격한 리허설과 완벽주의로 유명했으며, 대중의 시선을 극도로 싫어해 인터뷰를 단 한 번도 한 적이 없다.

하더군요.

그로부터 수년 후, 저는 라두의 런던 집 주방에서 설득을 시도했습니다. "일단은 해보지 않겠어? 슈베르트의 마지막 피아노 소나타 B플랫장조, 이 작품은 무조건 녹음해야 해. 자네한테 너무 중요한 일이야. 프로듀서는 크리스토퍼 래번으로 하고, 사운드 엔지니어는 자네가 원하는 사람으로 기용하지. 잘 안 되면 중단하면 그만이고, 잘되면 최고의 작품이 될 거야." 그러자 라두가 "그럼 한번 해볼까" 하고 승낙해주었습니다.

이리하여 슈베르트의 소나타집과 《슈만: 어린이 정경, 크라이슬레리아나, 후모레스케》 앨범이 새롭게 탄생했습니다. 사실 그 앨범 외에 슈베르트의 소나타 두 곡을 수록한 앨범도 발매될 예정이었지만 이 녹음은 세상에 나오지 못했습니다. 라두가 연주에 전혀 만족하지 못했거든요. 라두는 데카에 레코딩 세션의 경비를 모두 지불하고 권리를 사들였습니다. 제가 기억하기로 한 곡은 D.850 소나타이고 나머지 한 곡은 중기 소나타였습니다. 결국 그 녹음은 빛을 보지 못했어요. 훌륭한 녹음테이프가 완성되어 발매 준비가 완벽히 끝났음에도 라두는 결코 마음을 바꾸지 않았습니다. 설득을 시도해봤지만 완강하게 거절하더군요. 라두는 너무 집요하게 계속 말하면 화를 냅니다. 데카는 그의 70세 생일 기념으로 박스 세트를 발매하면서, 빛을 보지 못한 슈베르트의 소나타 두 곡을 거기 넣고 싶다고 요청했습니다. "안 돼. 듣고 싶지 않아." 라두는 그렇게 말하곤 더 들으려고도 하지 않았습니다.

사실 라두가 은퇴하기 얼마 전에 그 음원을 듣고 "꽤 괜찮은 연주군. 다시 이렇게 연주할 수 있으면 좋겠는데"라고 말한 적이 있습니다. 어쩌면 앞으로 발매할 기회가 있을지도 모르겠군요.

은퇴 후에도 라두와 만나지만 녹음 이야기는 하지 않아요. 이런 일로 더 이상 그를 괴롭히고 싶지 않거든요. 우리는 이제 그저 좋은 친구 사이니까요. 부담을 줘서 라두를 곤란하게 만들고 싶지 않습니다.

라두가 새로운 프로그램을 연주할 때면 먼저 작은 도시에서 시험 삼아 몇 차례 연주해본 후에 대도시에서 콘서트를 진행했던 건 알고 계시겠지요. 그 '워밍업 콘서트'를 런던 노팅힐의 미술관에서 열었던 적이 있습니다. 이 콘서트에 대해 누구에게도 알리지 않고서요. 친구인 제게도 말이죠. 절대 아무한테도 들려주고 싶지 않았던 겁니다. 저는 우연히 그 콘서트장 맞은편에 있는 레스토랑에서 친구와 저녁 약속이 있었습니다. 약속 장소인 레스토랑 맞은편에 그날 밤 열릴 예정인 라두의 리사이틀 포스터가 붙어 있는 걸 발견했죠. 저는 서둘러 저녁 식사를 마치고 콘서트에 갔습니다. 라두는 저를 보고 깜짝 놀라더군요. 그는 그 리사이틀에서 J. S. 바흐의 파르티타 1번, 모차르트의 환상곡과 C단조 소나타를 연주했습니다. 후반에는 도쿄에서도 연주한 적 있는 쇼팽의 야상곡 몇 곡과 소나타 3번을 연주했죠. 제가 그의 바흐 연주를 들은 건 이때가 유일합니다.

라두의 레퍼토리 이야기를 하자면, 비교적 최근에 레퍼토리에 추가한 버르토크 피아노 협주곡 3번은 토마스 헹엘브로크가 지휘하는 파리 관현악단과의 협연 때 제가 프로그램에 넣도록 제안한 곡입니다. 아쉽게도 방송 녹음은 하지 못했습니다. 이렇게까지 완강하게 녹음을 거절하는 건 라두와 크리스티안 지메르만*, 이 두 사람뿐입니다.

라두 음악의 어떤 점이 특별하냐고요? 무한하게 아름다운 그의 음색입니다. 정말로 위대한 예술가예요.

2021년 3월 22일

---

* Krystian Zimerman. 1956년 폴란드에서 출생한 피아니스트. 1975년 국제 쇼팽 피아노 콩쿠르 우승 이후 세계적으로 명성을 떨쳤다. 병적인 수준의 완벽주의로 유명하며, 특히 쇼팽 연주의 교과서로 자주 언급되는 최정상의 피아니스트 중 한 사람이다.

제시카 나스미스* & 로빈 럭**

인터뷰를 하지 않는 이유―"무언가 할 수 있는 말이 있다면 오직 음악을 통해서만 하겠다"

제시카 나스미스

라두의 인품에서 두드러지는 점은 성실함과 충실함이라고 생각합니다. 실내악 협연 상대도 지명도로 고르지 않고 자기가 뛰어난 음악가라고 생각하는 사람으로 골랐죠. 시몬 골드베르크와 퀸 엘리자베스 홀에서 총 6회에 걸쳐 협연했던 모차르트 바이올린 소나타 전곡 공연은 잊을 수가 없어요. 당시의 라두라면 훨씬 좌석 수가 많은 로열 페스티벌 홀에서 더 유명한 사람과 연주할 수 있었을 거예요. 하지만 라두는 자신이 지

---

* Jessica Nasmyth. 영국 해리슨 패럿사의 테리 해리슨 밑에서 루푸의 담당 매니저로 일했다. 1987년에 출산하면서 퇴사했다.

** Robin Lough. BBC(영국방송협회)의 디렉터. 루푸의 방송 녹화를 담당했다.

향하는 음악성과 잘 맞는 시몬과 협연하고 싶었던 겁니다. 시몬은 위대한 아티스트지만 화려한 비르투오소* 타입은 아닙니다. 비평가들은 입을 모아 그들이 진정한 음악적 파트너라고 칭찬했습니다.

제가 라두의 매니저로 일할 때, 라두는 시몬 외에도 특정 지휘자들과 협연을 원한다고 명확하게 밝히곤 했습니다. 한 사람은 클라우스 텐슈테트, 또 한 사람은 데이비드 진먼입니다. 당시 진먼은 별로 유명하지 않았어요. 하지만 라두는 유명 교향악단에서 모르는 지휘자와 협연하기보다 그와 협연하기를 희망했습니다. 주빈 메타도 라두가 선호했던 지휘자입니다. 당시엔 2년에 한 번 이스라엘 필하모니 관현악단과 협연했지요.

라두는 런던에서 연주하는 걸 좋아하지 않았어요. 로열 페스티벌 홀을 좋아하지 않았던 건지도 모르겠군요. 런던의 교향악단은 다 리허설 횟수가 적은 편이라 리허설을 더 많이 할 수 있는 미국이나 독일 악단과 협연하길 원했죠. '런던에서 교향악단과 협연하는 횟수는 1년에 두 번으로 제한해달라'고 하더군요. 그는 런던의 교향악단에게 아주 사랑받았습니다. 런던 필하모니 관현악단의 매니저에게 전화해 내년에 런던에서 콘서트를 2회 열고 싶다고 하면 텐슈테트의 일정을 체크해서 가

---

* 화려한 기교를 보여주는 거장 음악가를 일컫는 말.

능한 날짜를 전부 알려주었고, 저와 라두는 거기서 일정을 자유롭게 골랐습니다. 리카르도 무티와 필하모니아 관현악단의 경우도 마찬가지였죠. 텐슈테트도 그렇고 무티 역시 라두와 꼭 협연하기를 원했던 모양입니다. 라두는 음악가로서 크게 존경받았지만, 당시 대단한 빅네임은 아니었습니다. 녹음이나 인터뷰도 별로 하지 않았으니까요. 그는 그야말로 음악가들의 음악가였습니다.

라두는 유머에 굉장히 재능이 있었습니다. 그는 사무실에 들어오면 가장 먼저 "안녕, 이 조크 들어봤어?"라고 운을 떼고는 러시안 블랙 조크를 선보이곤 했어요.

라두는 모든 직원에게 친절했습니다. 저는 열아홉에 해리슨 패럿사에서 일하기 시작했습니다. 풋내기에 경험도 없고 실수도 잦았죠. 라두는 제 실수에 아주 너그러워서, 제가 실수했음을 밝히면 바로 용서해주었습니다. 신입 시절 그의 미국 에이전트와 북미 콘서트 투어 일정을 잡을 때 저질렀던 실수가 기억에 남습니다. 콘서트 다음 날 비행기로 다른 도시로 이동해 그날 밤 바로 콘서트를 할 수 있는지 이야기하던 중이었죠. 저는 '10시 비행기라서 괜찮다'라고 답하고는 그 콘서트를 수락했습니다. 해리슨 패럿사에는 매니지먼트와 콘서트 기획, 계약 교섭을 담당하는 부서가 따로 있어서 콘서트가 가까워지면 그 부서에서 여행이나 호텔 관련 준비를 합니다. 일정이 가까워져서 여행 준비 단계가 되었는데, 그제야 뒤늦게 비행기 시간이 밤 10시가 아니라 아침 10시라는 사실을 깨달았습니다. 잘 아시겠지만 라두는 아침 5시가 넘어야 잡니다. 그러니 라두에겐 불가능한 일정이었죠. 어떻게 문제를 해결했는지는 기억나지 않습니다. 그 실수는 그 후 1년간 제 머릿속을 떠나지 않았고, 다시는 그런 실수를 하지 않도록 조심했습니다.

당시 해리슨 패럿사는 노팅힐 게이트에 있는 작은 이층집을 사무실로 쓰고 있었고, 라두는 직원들에게 인기가 많았습니다. 그땐 직원이 열두 명 정도 있었는데 다들 그와 이야기를 나누고 싶어 했죠. 라두는 사무실에 도착하면 모든 직원과 포옹을 한 후 제가 있는 2층으로 올라와 "이 농담 들어본 적 있나?"라는 말로 첫인사를 건넸습니다. 라두가 도착하면 접수처 직원이 내선으로 알려주었는데, 그러면 동료와 저는 "2층까지 오려면 한참 걸릴 거야"라고 말하곤 했죠. 아무튼 그는 모든 직원에게 사랑받았습니다. 라두는 파트타임 비서든 매니저든 사장이든 상관없이 모두에게 똑같은 시간을 할애해 성의 있게 대했습니다. 다들 그를 존경했고, 담당 직원이 아닌 이들도 그의 콘서트에 가곤 했지요.

해리슨 패럿에 들어간 지 1, 2년 정도 지났을 때의 일입니다.

라두는 브람스 피아노 협주곡 1번을 처음으로 연주할 예정이었습니다. 그런데 공연 일주일인가 열흘쯤 전에 부인인 리자에게 전화가 왔습니다. 너무 걱정이 된다고요. "곧 연주회인데 전혀 연습을 안 해요." "알겠습니다. 계속 상황을 알려주세요." 저는 그렇게 말하고는 상사인 테리에게 보고했죠. "우리가 할 수 있는 일은 없어. 연주를 하든지 안 하든지 둘 중 하나야." 테리는 그렇게 말하더군요. 저는 라두에게는 아무 말도 하지 않았습니다. 그리고 며칠 후 리자에게 다시 전화가 왔어요. "이제 괜찮아요. 라두가 피아노 앞에 앉자마자 단번에 끝까지 연주하더라고요." 라두는 그때까지 머릿속으로 리허설을 했던 게 아닐까 싶습니다.

브람스 피아노 소나타 3번을 데카에서 녹음했을 때의 일입니다. 아시겠지만 라두는 레코딩을 무척 싫어했죠. 제가 도착했을 때 라두는 녹음 스튜디오에서 손을 푸는 중이었고, 엔지니어인 사이먼이 사운드 체크를 하고 있더군요. 그러다가 라두가 갑자기 연주를 시작했는데, 세상에, 멈추지 않고 그대로 계속 이어나간 겁니다. 녹음 프로듀서인 마이클 하스가 사이먼에게 "이걸로 가야 해. 지금 녹음기 작동 중이지?"라고 물었고, 사이먼이 고개를 끄덕였습니다. 그리고 그 연주가 거의 최종 테이크로 사용되었습니다. 고작 몇 번 연주한 걸로 세션은 끝이 났지요. 라두가 녹음을 싫어하는 이유는 작품을 짧게 끊어서 연주하는 게 싫었기 때문인지도 모릅니다. 데카에서의 레코딩 세션은 이런 느낌으로 진행되었습니다. 이때는 거의 완벽에 가까운 연주였기 때문에 불만은 없었으리라고 생각해요. 라두는 완벽주의자였고 기술적인 부분보다 음악적인 면을 중시했습니다. 음악적 지향성에 대한 명확한 생각을 가졌기 때문에 그것이 실현되지 않으면 견디질 못하지요. 그는 녹음에 대해 아주 비관적이었습니다.

하지만 그도 CBS소니에서 녹음한 머리 퍼라이아와의 협연은 즐겼으리라고 생각해요. 올드버러에서 진행된 녹음이었는데, 마침 거기서 두 사람의 듀오 콘서트도 열려서 저도 들으러 갔습니다. 라두는 보기 드물게 아주 행복해 보였죠. 밝은 모습이었습니다. 해안을 산책하며 이야기를 나누다 갑자기 제 손을 잡더니 제 주위를 빙글빙글 돌기 시작하더군요. 정말 기쁘고 행복해 보였습니다. 막역한 친구와 멋진 음악을 만들어낸 후였기 때문일까요?

그러나 늘 이렇게 행복한 일만 있었던 건 아닙니다. "너무 우울해." 하루는 라두가 그렇게 말한 적이 있습니다. "무슨 문제가 있나요?" 제가 그렇게 물었더니 "아니, 정말 우울하다고"라고 대답하더군요. 자신의 연주에 만족하지 못한 게 원인이었습니다. 그 뒤로 다시는 그런 말은 하지 않았습니다.

라두는 몇 년이나 집에서 업라이트 피아노로 연습했다고 합니다. 업라이트 피아노로만 연습하다가 갑자기 콘서트홀에서 스타인웨이의 그랜드 피아노를 쳐야 하는 겁니다. 테리가 추측하기로, 라두가 콘서트장에서 "이 피아노는 나랑 안 맞아"라고 불평하곤 했던 이유 중 하나는 그가 그랜드 피아노로 연습하지 않았기 때문이라고 합니다.

테리에게 들은 이야기인데, 초기에 라두는 공연 전에 매번 너무 긴장해서 몸 상태가 안 좋았다고 합니다. 제가 라두와 일을 할 때도 그런 적이 몇 번 있었죠. 연주 전 대기실에 가면 그는 몹시 날이 선 상태였습니다. 여러 가지 면에서 라두만큼 콘서트와 맞지 않는 사람도 없을 겁니다. 그는 익숙한 것을 좋아하고 변화를 싫어했기 때문에, 늘 비행기로 이동해 호텔에 머물면서 새로운 사람과 일을 하는 건 정신적으로도 부담스러웠을 거예요. 시차 적응 때문에 잠도 잘 못 잤지요. 그래서 미국에 갈 때는 최소한 3주는 체류해야 한다는 규칙을 만들었습니다. 늘 수면 문제가 있었기 때문에 다음 콘서트를 시작하기 전에 충분한 회복이 필요했던 거죠.

인터뷰에도 거의 응하지 않았습니다. "난 아무 할 말이 없네. 음악에 관한 질문을 받더라도 무언가 할 수 있는 말이 있다면 그건 내 음악을 통해서만 할 거야." 그는 그렇게 말하더군요.

인터뷰를 수락한 건 한두 번 정도뿐입니다.

라두의 소리는 특별하다고 생각합니다. 남편인 로빈도 같은 의견이에요. 우리는 라디오로 음악을 자주 듣는데, 라두의 소리에는 특징이 있어서 라두라는 걸 금방 알 수 있습니다. 아주 둥근 소리죠. 다른 피아니스트의 연주를 들으면 피아노가 타악기처럼 느껴질 때가 있습니다. 그러나 라두가 치면 달라요. 그건 완전히 그의 내적인 목소리입니다.

2008년, 위그모어 홀에서 열린 첼리스트 스티븐 이설리스의 50세 생일 기념 콘서트 때 있었던 일입니다. 언드라시 시프의 연주가 끝난 후, 라두는 슈만의 〈아라베스크〉와 〈어린이 정경〉을 연주했습니다. 무대 옆쪽 문에서 나온 언드라시가 문에 머리를 기대고 선 채로 눈을 감고서 라두의 연주에 집중하고 있더군요. 정말이지 아름다운 광경이었습니다. 라두의 연주가 지닌 간결함, 내적인 목소리, 훌륭한 음색. 라두는 음악 주위에 공간을 만드는 독특한 방법을 알고 있습니다. 그가 음악을 연주하면 그 공간에 후광이 비쳐 드는 것 같아요.

그는 정말로 에고(사심)가 없는 아티스트라고 생각해요. 위대한 아티스트라 해도 에고를 억누르는 건 아주 어려운 일입니다. 라두는 그게 가능했죠. 언드라시 시프도 마찬가지고요.

서로 스타일은 다르지만 두 사람 다 독특한 카리스마가 있고, 아주 성실하면서도 훌륭한 유머 감각을 겸비했습니다. 재밌는 점은 두 사람 다 옛날부터 좀 애늙은이 같았다는 겁니다. (웃음) 언드라시는 스물셋에 이미 중년의 분위기를 풍겼죠. 라두의 경우엔 초년에 했던 인생 경험 때문이 아닐까요? 루마니아에서 유년 시절을 보내는 게 그리 쉬운 일은 아니었을 테니까요. 젊었을 땐 걱정 없이 마음 편히 지낼 자유를 얻을 기회가 없었던 게 아닐까 싶어요.

로빈 럭

　BBC에서 슈베르트의 〈악흥의 순간〉을 촬영했을 때의 일입니다. 당시 저는 BBC의 디렉터로 일했습니다. 라두에게 〈악흥의 순간〉을 촬영하고 싶다고 부탁하자 승낙해주었죠. 콘서트홀이 아니라 런던 중심부에 위치한 어느 아름다운 집에 피아노를 준비했습니다. 라두가 도착한 후 조명을 세팅하고 카메라 두세 대로 촬영을 시작했지요. 첫 번째 곡의 촬영을 마친 다음 두 번째 곡을 위해 카메라와 조명을 옮기려는데, 라두가 이렇게는 못 하겠다고 하는 겁니다. 뭐가 문제냐고 물었더니 여섯 곡 전곡을 연달아 연주해야 한다더군요. 촬영하는 입장에선 곡 사이에 카메라를 옮길 수 없으니 그건 어렵겠다고 반대했습니다. 라두는 "연달아 여섯 곡을 연주하고 싶습니다. 촬영은 중단하고 일단은 녹음만 하죠"라고 말하며 뜻을 굽히지 않더군요. 마이크 준비를 끝낸 카메라 팀은 모두 조용히 앉아서 라두가 〈악흥의 순간〉 전곡을 이어서 연주하는 것을 들었습니다. 라두가 녹음을 다시 들어보고 싶다고 했을 때 시계를 보니 이미 밤 11시 반이 넘은 시간이더군요. 카메라 촬영은 시작도 못 했죠. 라두는 아침 5시에 자는 사람이라 전혀 개의치 않았습니다. "자, 그럼 어떻게 할까요?" 제가 그에게 묻자 그는 "소리를 다시 듣기 전에 영상을 찍어야겠죠. 조금 더 연주할 테니 얼른 촬영하면 됩니다"라고 하더군요. 후작업으로 소리와 영상을 연결하는 건 거의 불가능한 일이었습니다. 그런데도 저는 한번 해보자고 말했죠. 그렇게 촬영을 끝낸 후 편집 작업을 했습니다. 그의 원 테이크 연주를 그대로 써야 했기 때문에 편집에 아주 긴 시간이 걸렸습니다. 라두는 그 결과물에 만족했죠. 분명 그는 총 여섯 곡으로 이루어진 〈악흥의 순간〉을 하나의 작품으로 보았던 겁니다. 또 다른 TV 시리즈를 위해 브람스의 〈세 개의 간주곡〉을 촬영한 적도 있는데, 그때도 끊지 않고 연주했어요. 그 영상은 '빈의 브람스'라는 제목으로 TV에서 방송되었지요.

그로부터 40년 후, 위그모어 홀에서 오랜만에 라두와 만났습니다. 그는 40년 전 저를 웃게 했던 농담을 다시 해주더군요.

라두의 콘서트에 가면 피아니스트뿐 아니라 지휘자나 다른 악기 연주자 등 많은 음악가를 볼 수 있습니다. 너무나 대단한 면면들이라 비현실적인 느낌이 들더군요. 라두가 로열 페스티벌 홀에서 브람스의 피아노 소나타를 연주했을 때, 연주가 끝나고 무대 뒤로 갔더니 알프레트 브렌델*이 라두 앞에서 울고 있었습니다.

2021년 3월 22일

---

* Alfred Brendel. 유고슬라비아 출신 피아니스트. 뛰어난 기교와 아름다운 음색의 소유자로, 음악 이론가로서도 명성이 높다.

루크 거스리*

셀 수 없이 들었던 라두의 '노래'

너무 충격을 받아

피아노 앞에 앉을 수 없게 된 적도 있습니다

라두와는 1971년부터 친구였습니다. 런던에서 가까운 곳에 살았기 때문에 자주 만나서 음악 이야기를 나눴고, 콘서트에도 꽤 많이 갔습니다. 라두는 시즌마다 리사이틀 프로그램을 한 종류로 정해두었는데, 시즌이 시작되기 전에 런던 교외에서 먼저 그 프로그램을 연주해본 후에 투어를 시작했죠. 그런 워밍업 콘서트를 열 때마다 라두의 차를 타고 함께 가곤 했어요. 라두는 콘서트 일정이 알려지는 것조차 꺼렸을 정도인데, 제겐 동행을 허락해주고 연주에 대한 솔직한 의견을 묻곤 했

---

* Luke Guthrie. 피아니스트. 1931년 미국에서 태어났다. 알프레드 코르토의 제자로, 코르토의 CD 박스 세트의 감수를 맡기도 했다. 런던에서는 루푸와 같은 동네에 사는 이웃으로 오랜 교우 관계를 유지했다. 루푸의 본모습을 아는 친구 중 하나.

습니다.

　런던에서 차로 두 시간을 달려 첼트넘에서 열린 워밍업 콘서트에 갔을 때의 일입니다. 라두는 먼저 홀의 피아노를 대충 쳐본 다음, 객석에서 들어보고 싶으니 제게 아무 곡이나 연주해달라고 했습니다. 제가 연주하기 시작하자 "더 큰 소리로!"라고 하더군요. 다시 무대로 돌아간 그는 슈만의 환상곡을 조금더 연주하더니 대기실로 돌아와 말했습니다. "당장 런던으로돌아가자. 오늘은 연주하고 싶지 않으니까." 다행히 매니저인제시카가 설득에 성공했습니다. 그의 연주가 얼마나 훌륭한지진심을 담아 이야기함으로써 라두의 마음을 진정시킨 겁니다.콘서트에서는 평소의 위엄과 차분함을 되찾았죠. 하지만 이날했던 슈만 연주는 최고는 아니었습니다. 돌아가는 차 안에서라두가 제게 묻더군요. "오늘의 슈만 연주가 마음에 들지 않은사람도 있었겠지. 자넨 어땠나?" 저는 뭐라고 대답해야 할지몰라 당황했죠. 저는 순간적으로 이렇게 대답했습니다. "자네가 무대에서 연주하는 걸 두세 번 더 들어본 후에 대답하고 싶은데. 나의 슈만은 스승인 알프레드 코르토의 영향이 커서." 저는 슈만의 두 가지 요소 이야기를 꺼낼 수밖에 없었습니다. "쾌활한 플로레스탄과 사색적인 오이제비우스.* 자네 연주는 굳이 따지자면 오이제비우스 쪽이 더 강했어." 그 후로 무거운 침묵이 이어졌습니다.

옥스퍼드에서는 베토벤의 '전원' 소나타를 들었습니다. 그는 예전부터 이 작품을 연수하기 힘들다고 불평하곤 했죠. 콘서트 때 최종 악장의 코다 부분에서 딱 하나 사소한 실수를 했고, 라두는 스스로에게 격노했습니다. 그 분노는 말로 다 표현할 수 없을 정도였죠. 휴식 시간에 미친 듯이 화를 내는 라두에게 대기실에서 말했습니다. "자네는 스스로를 위해서가 아니라 자네의 음악을 좋아하는 청중을 위해 연주하는 거라는 사실을 알고 있나?" 그러자 라두는 나직이 말하더군요. "더는 못 견디겠어. 무대로 돌아가고 싶지 않네." 그러나 라두는 후반에 대단히 훌륭한 연주를 했습니다. 얼마 후 치체스터 대성당에서도 같은 곡을 연주했죠. 연주가 너무나도 훌륭해서, 이 곡이 피아노를 위해 만들어진 가장 위대한 작품이라는 확신이 들었을 정도입니다. 라두의 연주는 지극히 사적이었지만, 동시에 그는 완전히 베토벤이 되어 있었습니다. 그는 사색적인 면과 고양감을 모두 완벽하게 표현했어요.

라두가 말하기로, BBC에서 촬영한 슈베르트의 〈악흥의 순

* 슈만이 자신의 양면적 자아에 붙인 이름으로 플로레스탄은 명랑하고 열정적인 성격, 오이제비우스는 내성적이며 몽상적인 성격을 말한다.

간〉은 훌륭한 환경과 아름다운 피아노가 합쳐져서 탄생한 결과물이었다고 하더군요. 그 짧은 작품군에는 모든 것이 존재합니다. 라두가 다른 피아니스트의 연주로 이 작품을 들은 적이 있냐고 묻기에 "아르투어 슈나벨의 레코드라면 가지고 있는데"라고 대답했습니다. "들어볼 텐가? C샤프단조가 좋겠군." 그렇게 둘이 함께 듣기 시작했죠. 슈나벨의 연주가 시작되자 라두는 곧바로 말하더군요. "아니야, 아니야." 제가 레코드를 멈추자 라두는 피아노 앞에 앉아 모데라토* 템포로 연주를 시작했습니다. "연습곡 같은 템포가 아니라 좀 더 느릿한 템포. 이 작품의 매력은 바로 이거야." 라두는 그렇게 말했습니다.

라두는 다음 시즌에 어떤 곡을 연주하면 좋을지 제게 자주 묻습니다. 베토벤의 '열정' 소나타를 꼭 연주해달라고 말해보았습니다. 오랫동안 그 작품을 연주하지 않았으니까요. 후에 그가 이 작품을 벨기에 앤트워프에서 연주한다는 사실을 알고는 멀리 앤트워프까지 연주를 들으러 갔습니다. 경이로울 만큼 훌륭한 연주여서 벨기에까지 오길 정말 잘했다고 생각했죠. 그런데 라두 본인은 '열정'을 연주하지 말았어야 했다며 침울해했습니다. 최종 악장의 왼손 패시지**에서 아주 사소한 실

* 보통 빠르기로 연주하라는 뜻.

수가 있었거든요.

라두의 음악은 특별합니다. "피아노를 연주하는 건 자신에게 이야기를 하는 거야. 음표만 생각하면 미아가 되어버리지." 제 스승인 코르토는 그렇게 말하곤 했습니다. 실제로 스승님은 미아가 되는 일도 많았죠. 어느 음악가의 지인은 라두가 연주하는 슈베르트의 '환상' 소나타를 듣고는 도입부의 그 아름다운 연속 화음을 영원히 듣고 싶다고 하더군요. 라두가 연주하는 슈베르트는 그 정도로 아름답습니다. 그의 음악에는 우리를 끌어당기는 압도적인 힘이 있어요.

1970년대에 루마니아 대사관에서 그의 연주를 들은 적이 있습니다. 리허설 때 보니 그는 스타인웨이 피아노와 씨름하고 있더군요. 실제로 그 피아노가 내는 몇몇 소리는 끔찍했어요. "이 악기로 대체 내가 뭘 할 수 있겠나?" 그는 그렇게 말했지만, 막상 콘서트가 시작되자 아름답지 않은 음은 단 하나도 없었습니다. "도대체 어떻게 하면 그렇게 아름다운 소리를 낼 수 있지?" 제가 묻자 그는 달리 하는 건 없다고 답하더군요. 라두

** 악곡에서 주제와 주제 사이에 놓이는 경과구적인 성격을 가진 부분이나 화려한 음형이 연속되는 장식적인 부분을 일컫는 말.

는 무엇이 가능하고 불가능한지 늘 바로 파악했고, 따라서 무엇을 어떻게 해야 할지도 당연히 알고 있었습니다. 그건 습득할 수 있는 게 아니라 본능으로 감지하는 거라고 생각해요.

라두는 슈베르트 소나타 13번 A장조에 대해 이렇게 말했습니다. 이 곡을 무척 좋아하지만 왜 3악장 마지막 부분이 영광으로 가득 찬 느낌으로 끝나는지 이해하기 힘들다고요. 이렇게 화려하게 끝을 맺어도 되나 하고 말이죠. 마지막에 나오는 두 개의 화음을 말하는 겁니다.

무소륵스키의 〈전람회의 그림〉은 라두의 아들이 다니는 학교에서 열린 프라이빗 콘서트에서 들었는데, 압도적인 연주였습니다.

브람스의 피아노 협주곡 2번에 대해서 말하자면, 다들 라두에게 이 작품을 연주하라고 권유한 모양이더군요. 최종 악장에 있는 오른손 이중음 상승 패시지는 말이 안 될 정도로 어렵죠. 연주할 수 있는 사람이 거의 없어요. 그 역시 이 부분만은 연주할 수가 없다고 하더군요. 저는 리스트의 제자인 에밀 폰 자우어가 페터스판 악보를 위해 교정한 버전으로 연주하면 어떻겠냐고 제안했습니다. 그 패시지가 간소화되어 있으니까요. 그 템포라면 모든 음을 다 내지 않더라도 그걸 알아챌 수 있는 사람이 없거든요. 하지만 그는 동의하지 않았습니다. "일단 연주해보는 거지. 연주하고 또 하다 보면 언젠가 길이 열리지 않겠나? 어느샌가 연주할 수 있게 될 거야." 저는 그에게 그렇게 권했습니다. 하지만 결국 라두가 이 작품을 콘서트에서 연주하는 일은 없었습니다.

암스테르담의 콘세르트헤바우에서는 브람스의 〈네 개의 발라드〉를 들었습니다. 첫 두 개의 발라드는 저도 연주한 적이 있지만 다른 곡은 경험이 없었죠. 라두가 연주하는 네 번째 발라드를 듣고 저는 경악했습니다. 중반부는 마치 이 세상 것이 아닌 것처럼 아름다워서 제 귀를 의심했습니다. 제가 느끼는 감정을 믿을 수 없었지요. 그만큼 라두의 연주는 독보적이었어요. 너무 큰 충격을 받아서 집에 돌아온 후 열흘간 피아노 앞에 앉을 수가 없었습니다.

시몬 골드베르크와 함께 연주한 2중주도 전부 들었습니다. 그들이 녹음하기 전, 콘서트에서 모차르트와 슈베르트를 들었죠. 제겐 묵시록과도 같은 연주입니다.

머리 퍼라이아와의 듀오도 훌륭하죠. 올드버러에서 그 둘이 함께 연주하는 듀오 콘서트에 갔습니다. 티켓은 이미 매진일 수도 있지만, 매니저인 제시카에게 말하면 분명 들여보내줄 거라는 라두의 말에 올드버러까지 가기로 했죠. 운 좋게도 저는 제시카의 옆자리에서 연주를 들을 수 있었습니다. 그들이 함께 연주한 슈베르트의 〈네 손을 위한 환상곡〉 F단조는 숨이 막힐 정도로 아름다웠습니다.

이런 식으로 오랜 시간에 걸쳐 라두의 수많은 콘서트 연주를 들었는데, 그중에서도 소중한 기억은 1977년 세인트존스 스미스 스퀘어에서 라이브 녹음과 함께 진행된 브람스의 피아노 소나타 3번 연주입니다. 그 소나타는 제가 'BBC 런치타임 콘서트'에 데뷔할 때 연주한 작품이기도 해서, 저는 스스로 그 곡을 완벽히 안다고 생각했습니다. 하지만 라두의 연주가 시작된 순간 제가 얼마나 그 작품에 무지했는지를 깨달았습니다. 라두의 연주는 지금껏 제가 본 적 없는 빛을 그 작품에 비추었습니다. 곡의 도입부부터 그 기교에 압도되었죠. 그리고 무엇보다 처음 주제가 돌아오는 부분…… 루빈스타인을 비롯한 모든 위대한 피아니스트는 그 부분을 '딴 딴따라 란' 이렇게 칩니다. 하지만 라두의 연주법은 그 누구와도 달랐습니다. "많은 피아니스트의 연주를 들었지만, 거의 연주가 불가능한 이 부분을 칠 수 있는 건 자네뿐이야." 라두에게 그렇게 말했더니 저를 피아노 앞으로 데려가 그 부분을 연주해 보이려고 하더군요. 그런데 웬걸, 여덟 번 연속으로 실패했습니다. 하지만 관객 앞에서는 연주가 가능했던 겁니다. 그는 그 부분이 얼마나 어려운지를 보여주려고 했지만 막상 그때는 제대로 치지 못했습니다. 그리고 다음 날이 되어서야 겨우 성공한 거예요. 참 이상하죠. 아무튼 뭐 그건 기술적인 부분이고, 음악적인 면에서는 더할 말이 없습니다.

라두는 유일무이한 존재입니다. 굉장히 상냥하고 관대한 정신을 가졌지요. 콘서트 관객으로서 그의 연주를 듣기만 해도 저는 스스로가 더 좋은 인간이 되었다고 느낍니다. 레코드로는 얻을 수 없는 감각이에요. 저는 라두의 콘서트 연주를 들으면서 찬란한 인생 경험을 했습니다. 그의 '노래'를 몇 번이고, 몇 번이고 들었으니까요.

2021년 4월 7일

기고

제니 보겔*

자칫 잘못하면 공연 캔슬,
꽁꽁 얼어붙은 뉴욕에서 했던 밤 산책

저는 1985년 여름에 런던의 해리슨 패럿사에서 뉴욕의 매니지먼트 회사인 'ICM 아티스츠'로 직장을 옮겼습니다. 그때 라두의 담당 매니저는 에이브 코언이었는데, 그가 2년 후 은퇴하고 제가 인계를 받아 라두를 담당하게 되었습니다. 지금부터 할 이야기는 1986년 겨울에 있었던 일입니다.

라두는 매년 1월부터 3월 초까지 4~6주간 미국 투어를 했습니다. 그는 미국에 오면 뉴욕 57번가에 있는 울프스 델리카트슨wolf's delicatessen에서 늦은 저녁을 먹는 습관이 있었습니다. 그날도 라두는 뉴욕의 스타인웨이 피아노 쇼룸에서 이튿날 링컨센터에서 공연할 피아노를 고른 후, 늘 그렇듯 전부 다 마음에 들지 않는다고 투덜거리며 쇼룸에서 나와 매니저인 에이브와

---

* Jenny Vogel. 1985년부터 미국 ICM 아티스츠(현 Opus 3 아티스츠)에서 루푸의 담당 매니저로 일했다.

함께 울프스 델리카트슨으로 저녁 식사를 하러 갔습니다.

식사할 때 피아노나 리사이틀에 관한 이야기는 피했습니다. 다른 여러 화제가 오가며 분위기가 무르익었는데, 레스토랑에 있던 손님 하나가 우리 테이블로 오더니 다음 날 있을 라두의 리사이틀을 고대하고 있다고 하더군요. "전 연주 안 합니다." 라두는 접시에서 얼굴을 들더니 그렇게 말했습니다. 식사가 끝난 후 에이브는 얼어붙을 듯한 추위 속에서 함께 좀 걷자고 라두에게 제안했고, 그날 밤 내내 뉴욕 거리를 걷다가 새벽 3시에 헤어졌습니다. 라두가 메이플라워 호텔 방에 돌아갔을 땐 예정대로 콘서트를 진행하도록 설득하는 데 성공한 후였습니다.

다음 날 아침, 링컨 센터에서 저희 사무실로 전화가 왔습니다. 티켓을 산 사람에게서 라두가 콘서트를 취소한다는 말을 듣고 당일 티켓 판매소에 공연 취소 벽보를 붙였고, 이제 막 티켓 환불 작업을 시작했다는 겁니다. 화들짝 놀란 에이브가 콘서트는 예정대로 열릴 거라고 필사적으로 설명해서 겨우 사태가 해결되었습니다. 매니저들이 모두 폭소한 이야기입니다.

이런 일이 일어나는 건, 그야 라두이기 때문이겠죠.

인터뷰

헬렌 터너*

자긍심 높은 완벽주의자.
그러나 매니저를 힘들게 하는 사람은 아니었습니다

테리 해리슨이 라두와 만난 건 1969년, 라두가 리즈 국제 콩쿠르에서 우승한 해였습니다. 라두의 뛰어난 실력에 대해 많이 전해 들은 테리는 "리즈 콩쿠르의 결과가 어찌 되든 네 매니저가 되고 싶다"라고 라두에게 제안했습니다. 라두는 우승했고, 테리가 재스퍼 패럿과 공동으로 설립한 해리슨 패럿사 소속이 되었죠. 제시카 나스미스가 1987년에 퇴사한 후 제가 라두를 담당하게 되었습니다.

매니저 입장에서 라두는 까다로운 사람이 아니었습니다. 라두는 아티스트로서의 능력을 최대한 발휘하기 위해 무엇이 필요한지 알고 있었습니다. 만약 머무는 호텔에 불만이 있다면

* Helen Turner. 영국의 해리슨 패럿(후에 테리 해리슨)에서 1987년부터 2014년까지 오랜 시간 루푸의 담당 매니저로 일했다. 고故 테리 해리슨의 부인이다.

콘서트에 차질이 생길 가능성이 높아집니다. 그는 아티스트로서 예술적인 부분에 전념할 수 있는 환경을 조성하기 위해 요구 사항을 명확히 전달했습니다. 놀랍도록 프로페셔널한 사람이라고 늘 생각했죠. 이 시간에 리허설이 필요하다든지, 이 피아노가 필요하다든지 하는 식으로요. 매니저 입장에선 일정 기간 함께 일하다 보면 아티스트가 뭘 원하는지를 확실히 알 수 있는 거죠.

라두는 악기에 대해서는 엄격했습니다. 늘 조율사에게 부탁해서 피아노의 제조 번호를 확인하고 건반의 무게를 점검받곤 했죠. 스타인웨이는 특정 시기에 시행착오를 일으켰던 역사가 있으니까요. 새 피아노를 연주해야 할 때면 "이런 피아노로는 연주 못 해. 액션이 바뀌었잖아. 거기다 건반이 무거워서 연주할 수가 없어"라며 한탄하곤 했습니다. 콘서트에서 쓸 피아노에 대해선 고집이 대단했죠.

라두는 런던에서 연주하는 걸 좋아하지 않았어요. 생각할 수 있는 이유로는, 첫째로 자신이 선호하는 타입의 피아노와 만나는 일이 드물었다는 점입니다. 둘째로는 오케스트라와 리허설하는 장소의 문제입니다. 런던에서는 본공연 전에 실제 공연 장소에서 리허설할 수 있는 기회가 별로 없었죠. 셋째로는 런던에 지인이 많다는 거였습니다. 그 많은 지인들이 자기 공연을 들으러 오는 것에 부담을 느꼈던 게 아닐까요.

게다가 그는 자기 콘서트를 보려고 일부러 멀리서 팬이 찾아오는 것도 좋아하지 않았어요. 팬이 쫓아오는 게 싫었던 겁니다. 자기 연주회 일정이 노출되는 걸 원치 않았죠. 특히 새 레퍼토리를 시연해보기 위해 열었던 워밍업 콘서트는 그 누구에게도 알리지 말라는 강력한 요청이 있었습니다.

시즌마다 리사이틀에 쓸 프로그램을 짰는데, 같은 공연장에서 한 작품을 반복해서 연주하는 걸 피해야 할 때는 슈베르트의 소나타를 대신 연주했습니다. 그에겐 그게 어려운 일이 아니었거든요.

녹음을 다 중단하고 방송 촬영도 거부했던 부분에 대해 이야기하자면, 그는 마이크로 '기록'된 연주는 바꿀 수 없기 때문에 마이크가 부담스럽다고 자주 말하곤 했습니다. 또 사용하는 피아노가 마음에 들지 않는 경우도 우려했어요. 스스로 자랑스럽게 여길 만한 연주를 해내기까지 며칠이 필요할지 몰랐던 거죠. 콘서트라면 본공연이 끝나면 그걸로 다 끝입니다. 결국 그는 레코딩을 최고 수준으로 만들고 싶었던 거예요. 모든 건 부담감 때문이었다고 생각합니다.

인터뷰에 대해 말하자면, 원래 초기에는 수락했습니다. 그러다가 굉장히 끔찍한 경험을 한 번 했죠. 콘서트가 끝난 후 몇몇 사람과 식사하러 갔는데, 그중엔 모르는 사람도 섞여 있었습니다. 며칠 후 라두는 그 식사 자리에서 했던 말이 신문에 실린

걸 보고서는 격노했습니다. 인터뷰를 싫어하게 된 이유 중 하나일지도 모르겠네요. 또 다른 이유를 떠올려보자면, 그는 말로 자신을 표현하는 건 불가능하다고 생각했던 게 아닐까요? 그의 영어는 훌륭했지만, 그럼에도 모국어가 아닌 언어로는 원하는 대로 자신을 표현할 수 없다고 느꼈던 것 같아요. 라두는 말로 자신을 잘 표현하지 못한다는 사실에 지쳐 있었습니다. 자신이 어떤 식으로 해석되고 어떤 식으로 기록되어 읽히게 될지를 걱정했죠.

테리는 여러 면에서 라두를 도왔습니다. 당시 라두는 영국 국적의 여권이 없었어요. 어딜 가든 비자가 필요해서 루마니아 대사관에 연락해야 했죠. 늘 비자 문제가 있어서 테리가 항상 동분서주했습니다.

저는 테리와 함께 일본에 간 적이 있습니다. 그땐 시차 적응에 일주일이 걸렸습니다. 라두는 일본에 머무는 동안엔 계속 시차로 힘들어하지만, 영국에 돌아오면 즉시 영국 시간에 맞춰진다고 합니다. 저도 일본에 있을 땐 계속 머리가 멍했습니다. 그때 라두는 이렇게 말했죠. "이제 알겠지, 헬렌. 그래서 미국에서 돌아오면 3주간의 휴가가 무조건 필요한 거라네."

그의 은퇴 소식을 들었을 땐 무척 슬펐습니다. 그에게 무대가 얼마나 소중한지 잘 아니까요. 더 이상 무대에서 연주하지 않는다는 현실을 받아들이기 힘들 거라고 생각해요. 그가 앞으로 어떻게 시간을 보낼지를 상상하면 가슴이 찢어지는 것 같더군요.

라두와 함께 일할 수 있어서 정말로 영광이었습니다.

2021년 2월 23일

인터뷰

다니엘 바렌보임*

라두와는 음악을 통해 서로를 잘 이해하기 때문에
특별한 친근감을 느낍니다

라두는 저의 오랜 친구로, 저는 그를 아주 좋아합니다. 처음
그와 만난 건 1970년입니다. 그 후 1971년인가 72년인가 시카
고에서 베를린 필하모닉을 지휘했을 때 협연을 했고, 후에 카
네기 홀에서 클리블랜드 관현악단과 협연했습니다.

그는 차원이 다를 정도로 뛰어난 음악가입니다. 정말로 대
단한 지식과 감성의 소유자죠. 그가 연주를 하면, 그 곡은 마치
그 순간 작곡된 음악처럼 들립니다. 음악 속의 모든 연결고리
에 생명을 불어넣을 수 있는 몹시 독특한 재능을 가졌어요. 화

<hr>

* Daniel Barenboim. 지휘자 겸 피아니스트. 1942년 아르헨티나에서 태어났다.
파리 관현악단(1975~1989년), 시카고 교향악단(1991~2006년)의 음악 감독을
역임하고, 1992년부터 베를린 주립 가극장의 음악 총감독을, 2000년부터는 같
은 극장 관현악단의 종신 수석 지휘자를 지냈다. 1999년에 문학자인 고故 에드
워드 사이드와 함께 서동시집 관현악단을 설립했다. 루푸와는 오랜 시간 친구
로 지냈다.

다니엘 바렌보임(왼쪽)과 대기실에서 한 장.

성의 연결, 강약의 연결, 템포의 연결, 바로 거기에 라두의 연주가 가지는 독자성이 있습니다. 라두는 그걸 놀라운 수법으로 발전시켰습니다. 그리고 늘 위대하리만큼 겸손하죠. 그는 자신을 위해서가 아니라 작곡가를 위해 연주합니다.

라두가 청중 한 사람 한 사람과 친밀한 관계를 쌓을 수 있는 이유는, 그가 듣는 사람을 생각하지 않기 때문이에요. 역설적으로 들리겠지만 정말 그렇습니다. 음악에 집중한 상태에선 대개 청중에 대한 생각은 사라집니다. 그는 청중을 의식하지 않고 청중에게로 다가가 그들을 무대로 데려옵니다. 그렇게 함으로써 당신만을 위해 연주하고 있다는 느낌을 주는 거죠.

라두와 저는 음악을 통해 서로를 잘 이해했기 때문에 특별한 친근감을 느낍니다. 그는 아주 교양 있는 사람입니다. 독서가로 지식이 풍부하고 음악 외의 다양한 것들에 관해 생각하죠. 아르투르 루빈스타인*은 전 세계에 많은 친구가 있지만 피아니스트 친구는 한 명도 없다고 했습니다. 왜냐고 물었더니 피아니스트가 집에 가진 책은 전화번호부뿐이기 때문이라고 하

* Arthur Rubinstein. 폴란드 출신의 미국 피아니스트. 폭넓은 레퍼토리와 힘 있고 화려한 테크닉, 곡에 대한 이해도를 갖추어 20세기 최고의 피아니스트 중 한 명으로 꼽히는 인물이다.

더군요. 이건 라두에겐 해당되지 않아요. 그는 정말로 많은 책을 읽었고, 그의 연주에선 폭넓은 교양이 느껴집니다. 거기다 멋진 유머 감각까지 겸비했죠.

루푸가 녹음을 중단해서 아쉽다고 다들 입을 모아 말하지만, 그는 자연스럽고 '한 번뿐'인 연주를 믿었던 사람입니다. 연주는 매번 달라집니다. 스튜디오에서 남긴 녹음은 늘 똑같지만, 기억에 남는 라이브 연주는 녹음과는 정반대의 인상을 남깁니다.

2021년 2월 14일

프란츠 벨저뫼스트*

라두와 공유한 '아름다움을 추구하는 법'
우리는 음악적으로 서로를 이해했습니다

라두와 처음 만난 건 1990년, 런던 필하모니 관현악단과 브람스 피아노 협주곡 1번을 협연했을 때입니다. 물론 라두 루푸가 위대한 음악가라는 사실과 그 연주의 대단함은 녹음으로 들어 알고 있었습니다. 그리고 그가 지휘자 입장에서 그리 만만치 않은 솔리스트라는 이야기도 익히 들어왔죠. 그런 이유로 저는 무척 긴장한 상태였습니다. 첫 리사이틀 전에 그의 대기실로 가서 자기소개를 하고 "리허설 시작 전에 연주에 대해 확인을 좀 할 수 있을까요?"라고 했더니, 날카롭고 무서운 목소리라고 "노!"라고 대답해 저를 더욱 긴장시켰습니다. "정말

* Franz Welser-Möst. 지휘자. 1960년 오스트리아 린츠에서 태어났다. 런던 필하모니 관현악단(1992~1996년), 취리히 가극장(1995~2008년), 빈 국립가극장(2010~2014년) 등에서 중책을 역임했고, 현재는 클리블랜드 관현악단의 음악감독(2002년~)이다. 루푸와는 특히 클리블랜드 관현악단에서 자주 협연했다.

안 되나요?" 제가 그렇게 물으니 "자네 연주를 들은 적이 있으니 문제없어"라고 하더군요. 오케스트라와의 리허설이 시작되었고, 저는 틈틈이 그를 보며 뭔가 바라는 점이 있냐고 물었습니다. 고개를 저으며 "노!"라고만 대답하기에, 저는 곧 그가 폭발하는 게 아닐까 싶어 점점 더 긴장했습니다. 모든 과정이 원만하게 진행되어 총연습이 끝나고 로열 페스티벌 홀에서 본공연이 시작되었습니다. 연주가 끝난 후 박수가 쏟아지고 곧 커튼콜이 있었죠. 라두는 갈채를 받으며 무대로 돌아오기 전에 저를 안으며 "최고의 브람스였어"라고 말해주었습니다. 콘서트 중에는 극도로 긴장했었는데 그 말을 듣고 나니 무척 안심이 되더군요. 그때 예술을 매개로 한 우리의 우정이 시작되었고, 그 후로 여러 번 협연했습니다. 그의 레퍼토리 대부분을 다 연주했고, 또 몇몇 곡은 수차례 연주하기도 했죠. 라두와 하는 협연만큼 충만감을 주는 일은 없습니다. 저는 그에게 많은 것을 배웠어요. 특히 내성內聲을 다루는 법에 대해서요. 고성부, 멜로디, 저성부, 그리고 성부 사이에 존재하는 모든 화성의 진행을 어떻게 다뤄야 하는지에 대한 것이었죠. 제겐 새로운 배움이었어요. 이렇게 저는 '아름다움을 추구하는 법'을 그와 공유했습니다.

　라두는 믿기 힘들 정도로·아름다운 소리를 가졌습니다. 제가 지금껏 들어온 모든 악기의 그 어떤 소리보다도 아름다워요. 다른 연주자의 소리와는 결정적인 무언가가 다릅니다. 또 그는 음악의 건축적 요소를 파악하고 있습니다. 경이로운 일이죠. 이 부분에서도 저는 많은 것을 배웠습니다. 라두는 제게 최고의 스승입니다.

우리는 베토벤의 모든 피아노 협주곡과 모차르트의 모든 피아노 협주곡, 브람스의 피아노 협주곡 1번을 여러 번 협연했습니다. 브람스의 2번 연주를 해주었으면 해서 그에게 몇 번이나 부탁했습니다. 혹시 시도해보고 싶은 마음이 있다면 제가 음악 감독을 맡고 있는 클리블랜드 관현악단과 리허설을 해보지 않으시겠어요? 당신을 위해 특별한 리허설을 준비하죠. 이렇게 몇 번이고 설득을 시도했지만 계속 거절당했죠. "브람스의 2번 연주에는 아주 큰 손이 필요해"라고 하더군요.

제가 자랑스럽게 생각하는 건 라두가 버르토크의 피아노 협주곡 3번을 연주하도록 설득한 일입니다. 그의 버르토크 연주는 정말로 훌륭했어요. 버르토크의 음악에 대한 깊이 있는 이해는 그가 받은 작곡 교육에서 비롯되는 것이겠지요. 그는 러시아에서 작곡 공부를 먼저 했습니다. 버르토크의 협주곡이 이렇게까지 민족적인 색깔을 지니는 일, 마치 헝가리의 민족 음악처럼 들리는 일은 다른 연주가의 연주에선 만나볼 수 없습니다. 3악장은 기술적으로 어려운 부분인데 라두가 연주하니 집시 밴드의 연주처럼 느껴지더군요. 아주 깊고 실로 음악적인 연주였죠. 이 곡을 연주하도록 설득한 건 저 자신뿐 아니라 라두에게도 기쁜 일이었다고 자부합니다.

우리는 음악적으로 서로를 이해했습니다. 그걸 무대에서 증명했죠. 우리는 1990년부터 거의 매년 함께 연주를 했는데, 라두는 그때마다 긴장했습니다. 연주 전이면 꼭 제 대기실에 와서 농담을 하더군요. 그렇게 해서 긴장을 풀려고 했던 게 아닐까요? 가끔은 무대에 오르기 직전까지 농담을 했습니다. 그는 돌처럼 진지한 얼굴로 무대로 향하고, 저는 그를 뒤따라 걸으며 웃음을 참기 위해 필사적으로 애썼죠. 우리는 느긋하고 아름다운 관계를 쌓았습니다.

2010년 제 50세 생일에 성대한 생일 파티를 열었습니다. 저는 슈베르트를 아주 좋아해서 라두에게 연주를 부탁했고, 120명 정도 되는 손님을 초대했죠. 작은 농가의 집을 콘서트홀로 꾸며 피아노를 준비했고, 그가 슈베르트의 소나타 21번 B플랫 장조를 연주해주었습니다. 돌이켜 생각해보면 라두가 긴장하지 않은 건 그때뿐이었습니다. 그는 마치 혼자서 연주하듯 연주했습니다. 제가 지금까지 들은 그의 연주 중 가장 아름다운, 최고의 음악이었어요. 라두는 굉장히 편안하고 행복해 보였습니다. 저의 친구로서 저를 위해 연주해준 겁니다. 미디어도 평론가도 없고, 거기 있는 건 제 친구들뿐이었습니다. 한없이 사적인 공간이었죠. 그가 연주를 시작하고 두 소절째에 이르자 저는 눈물을 참지 못했습니다. 그 연주는 잊을 수 없어요. 그야말로 '생에 한 번뿐인 연주'라고 할 수 있겠지요.

잘츠부르크에서 열린 그의 리사이틀은 수년 전 일이지만 아직도 선명하게 기억이 납니다. 축제극장에서 슈베르트 만년의 소나타 A장조와 소나타 B플랫장조를 그날 밤에 다 연주했습니다. 취리히 리사이틀에서는 프로그램 마지막에 베토벤의 소나타 21번 '발트슈타인'을 연주했죠. 연주가 끝나고 저는 그의 대기실을 찾아갔습니다. 아무런 말 없이 콘서트에 온 저를 보고 라두는 깜짝 놀라더군요. "라두, 당신은 최고의 음악가예요. 이런 발트슈타인 소나타는 들어본 적이 없어요." 제가 그렇게 말하자 그는 미소 지으며 말하더군요. "이게 베토벤이 바라던 일이야." 이 '발트슈타인' 소나타를 들은 후로 사흘간 한숨도 잘 수 없었습니다. 제 아내가 증인이에요. (웃음) 흥분이라는 말로는 다 표현할 수 없습니다. 그 연주는 그 자체로 우주 같았습니다.

라두가 콘서트에서 자기 연주에 만족한 모습을 본 건 딱 두 번인데, 하나는 잘츠부르크에서 연주한 이 '발트슈타인' 소나타이고, 또 하나는 뉴욕 카네기 홀에서 클리블랜드 관현악단

2000년 클리블랜드에서. 프란츠 벨저뫼스트(오른쪽)와 함께.

과 베토벤의 피아노 협주곡 다섯 곡 전곡을 연주했을 때입니다. 이 치클루스의 마지막 콘서트에서는 4번을 연주했죠. 그가 첫 음을 친 순간부터 이미 별세계였어요. 악단 전체가 마치 다른 행성에서 연주하고 있는 듯한 착각에 빠졌죠. 꼭 마법 같았습니다. 뉴욕의 청중은 연주 중에 대개 기침을 하는데, 그가 첫 음을 연주한 후로는 한 번도 들리지 않더군요. 이 마법 같은 연주가 끝난 후엔 말문이 턱 막혔던 걸로 기억합니다. 진심으로 감동했죠. 라두와 저는 함께 대기실로 올라가는 엘리베이터에 탔고, 엘리베이터 벽에 기대어 선 라두가 정말 즐거운 연주였다고 말해주었습니다. 공연 전반부 마지막 곡이었는데, 휴게 시간에 오케스트라 멤버가 모두 대기실로 왔더군요. 연주가 끝나고 다들 울고 있었던 겁니다. 그야말로 유일무이한 순간이었습니다. 이 베토벤의 피아노 협주곡 전곡은 나흘 밤에 걸쳐 연주했습니다. 라두가 2번과 3번은 하룻밤에 연주할 수 있다고 했거든요. 클리블랜드 관현악단은 당시 카네기 홀의 상주 교향악단*이었습니다. 마지막 프로그램은 지금도 기억이 납니다. 후반은 슈베르트의 교향곡 '미완성'과 베르크의 관현악 세 곡이었죠. 그런데 후반은 별로 기억나지 않아요. 베토벤

---

* 해당 홀에서 정기 공연을 하고 평소 리허설까지 그 홀에서 모두 진행하는 악단을 의미한다.

의 협주곡은 전부 다 기억하지만요. (웃음)

슈만의 피아노 협주곡도 몇 번 협연했는데 그만큼 설득력 있는 슈만 연주는 들어본 적이 없습니다. 마지막의 그 3분간, 그가 무엇을 한 건지 정확히는 모릅니다. 슈만의 마지막 종결부로 향할 때면 늘 필연적인 귀결처럼 '이거지!' 하는 느낌이 듭니다.

또 그의 연주보다 아름다운 슈베르트 연주를 들어본 적이 없어요. 빈 무지크페라인에서 소나타 17번 D장조를 들었을 때의 감동이란!

그는 음악이 주는 친밀함이 무엇인지를 잘 압니다. 청중 한 사람 한 사람이 자신만을 위해 연주해주고 있다는 감각을 느낄 수 있도록 하는 것. 그게 친밀함입니다. 음악 속에 존재하는 몹시 친밀한 순간 말이죠. 그는 결코 피아노를 두드리는 사람이 아니고, 크게 연주하는 일도 없어요. 그의 음악은 사람들의 마음을 사로잡습니다. 라두의 음악—그건 그야말로 마법입니다.

2021년 2월 8일

기고

필리프 카사르*

라두 루푸가 작은 목소리로 전해주는
내부 세계의 풍경

처음으로 라두 루푸의 라이브 연주를 접한 건 1980년대 초반입니다. 그가 명성 높은 콘서트 시리즈인 '피아노★★★★Piano 4 Etoiles'의 일환으로 파리 샹젤리제 극장에서 했던 연주였죠. 저는 스무 살도 채 되지 않았을 때였습니다. 이때 들었던 모차르트의 피아노 소나타 8번 A단조 K.310, 슈베르트의 〈즉흥곡〉 D.935, 브람스의 피아노 소나타 3번 Op.5를 저는 평생 잊을 수 없을 것입니다. 마우리치오 폴리니, 머리 퍼라이아, 마르타 아르헤리치, 넬슨 프레이르, 다니엘 바렌보임 등, 당시에는 라두 루푸와 같은 세대의 훌륭한 피아니스트들이 저마다의 개성과

* Philippe Cassard. 피아니스트. 1962년 프랑스에서 태어났다. 니키타 마갈로프를 사사했으며, 1988년에 더블린 국제 콩쿠르에서 우승했다. 연주 활동 외에도 라디오프랑스의 채널인 France Musique의 인기 라디오 방송 〈Portraits de Famille(가족의 초상)〉의 사회자로 활동했다.

독특한 레퍼토리와 카리스마로 젊은 학생들을 사로잡았습니다. 그러나 라두 루푸가 불러일으킨 건 완전히 새로운 것, 미지에 가깝고 희귀하며 선례가 없는 것, 들은 직후에는 아예 믿을 수조차 없는 것이었습니다. 왜냐하면 그는 모차르트, 베토벤, 슈베르트, 슈만, 브람스, 야나체크, 드뷔시의 음악을 연주함으로써 정숙과 몽상의 세계를, 그리고 내성內省과 정지靜止의 세계를 음표로 만들어냈으니까요.

라두 루푸의 연주를 듣기 위해 콘서트홀에 들어가면, 몇 분 후에는 무대 위에 있는 그와 객석에 있는 저 사이의 거리가 사라집니다. 그는 마치 마술사처럼 곧장 저를 정적의 거품 속으로 불러들입니다. 그리고 그날 연주하는 곡 속에서 그가 어렴풋이 목격한 내적 세계의 풍경을 저에게만 작은 목소리로 알려주지요. 은밀하게, 있는 그대로, 음악의 흐름을 살짝 재촉해 음악 속에 숨겨진 신비로운 아름다움을 그곳에 있는 청중들과 보물처럼 나누어 가지는 그의 자세는 늘 빌헬름 켐프*를 떠올리게 합니다.

라두 루푸가 피아노에서 끌어내는 울림은 '그 악기의 소리'가

---

* Wilhelm Kempff. 독일의 정통파 피아니스트이자 작곡가로, 베토벤과 슈만 등의 전통적 낭만주의 곡들에 뛰어났으며, 베토벤 해석에 특히 강점을 보여 대표적인 베토벤 스페셜리스트 중 한 사람으로 꼽힌다.

아닙니다. 작곡가들의 상상 세계로부터 오는 울림이죠. 그가 연주하는 피아니시모*와 거침없이 흘러가는 신묘한 레가토**는 인류의 사랑으로, 세계유산이 될 만한 가치가 있습니다. 서양 음악의 진수 그 자체를, 그 뿌리를, 그 본래의 정신을 파고들다 보면 수도사들의 낭창朗唱과 법열에 다다르게 되는데, 그것을 큰 소리로 설명해서 사람들의 눈길을 끌어봐야 무슨 소용이 있겠습니까? 슈만의 〈크라이슬레리아나〉에는 이미 반짝임이 있고, 베토벤의 피아노 소나타 30번 Op.109의 프레스티시모***악장[2악장]에는 이미 분노가 있으며, 슈베르트의 피아노 소나타 21번 B플랫장조 D.960의 마지막 악장에는 이미 태풍이 있습니다. 라두 루푸는 피아노 의자 등받이에 기댄 상반신을 조금 일으켜, 아주 살짝 일어난 채 그저 희미한 목소리를 낼 뿐입니다. 그러나 그 목소리의 영묘한 힘에 의해 청중들은 별안간 꼼짝할 수 없게 되지요.

라두 루푸에겐 다른 사람과 구별되는 무언가가 분명히 있는데, 그것이 그를 이토록 감동적이고 진실에 가까운 절대적인 존재로 만든다고 생각합니다. 인스타그램, 트위터, 페이스

* 매우 약하게 연주하라는 뜻.

** 음과 음 사이가 끊어지지 않도록 부드럽게 연주하라는 뜻.

*** 가능한 한 빠르게 연주하라는 뜻.

북, 유튜브 등 인터넷 속 웹사이트가 목소리를 내는 지금, 인터뷰와 방송 촬영을 전부 거절하고 25년간 모든 CD 녹음을 거부해서 스스로의 커리어를 위험에 빠트리는 젊은 연주가가 과연 있을까요? 라두 루푸의 전설적인 디스코그래피는 1993년 이후로 끊어진 상태입니다. 숭고한 음색과 터무니없이 섬세한 페달링을 자랑하고, 침묵과 피아니시모 사이에 무한한 색채의 그러데이션을 빚어내는 라두 같은 연주가에게, 그 모든 것을 왜곡시키고 때때로 변질시켜버리기도 하는 녹음 마이크는 분명 견디기 힘든 존재였을 겁니다. 그리하여 라두 루푸는 25년간 한결같이 라이브 연주만을 청중에게 선사했고, 그 결과 전 세계 사람 중 극히 일부만이 그의 내면 변화와 몽상, 그가 추구하는 아름다움을 추체험할 수 있었지요.

저는 인간 라두 루푸를 너무나도 사랑합니다. 그의 품위 있는 수줍음, 때로는 장난스럽고 때로는 애수를 띠는 눈빛, 가시가 있는 유머, 그 관대함을요⋯⋯. 스승 니키타 마갈로프(1912~1992년)의 타계 10주기가 되는 해였던 2002년, 저는 프랑스 사부아 지방의 부르제 호수 근처에서 '낭만의 밤 음악제 Festival des Nuits Romantiques'를 주최했습니다. 마갈로프 선생님과 친했던 라두 루푸는 이 음악제에서 리사이틀을 여는 것을 흔쾌히 수락했고, 베토벤과 슈베르트의 작품을 연주해주었습니다. 그로부터 5년이 지난 어느 금요일 밤, 저는 그에게 전화를 걸어 병중인 알도 치콜리니를 대신해 토요일에 연주를 해달라고 부탁했습니다. 라두 루푸는 절친한 친구인 넬손 괴르너의 부인[루수단]이 운전하는 차를 타고 로잔에서 달려와주었지요. 그때 그가 연주했던 슈만의 환상곡 Op.17은 언제까지고 제게 가장 가슴을 울리는 연주로 남아 있을 것입니다.

2019년 10월 27일

인생에서 방황하던 제게
라두가 가르쳐준 음악 철학

런던에 있는 라두의 집을 방문한 건 1988년 7월의 일이었어요. 콘서트에서 그가 연주하는 야나체크의 소나타, 버르토크의 〈문밖에서〉, 슈베르트의 소나타를 듣고 그가 음악에 접근하는 방식에 감명받았습니다. 제게 무엇이 부족한지 알고 싶더군요. 어떻게든 그를 만나서 음악을 만들어가는 프로세스를 배우고 싶다고 생각했죠. 당시 저는 피아노 연주에 고독감을 느껴 방황 중이었습니다. 1년 후에 신경질환에 걸렸던 걸 보면, 그땐 정신적으로 쇠약한 상태였고 누군가 이끌어줄 사람이 필요했던 거겠죠. 일단 제 연주 녹음을 그에게 보내면서 꼭

---

* Jean-Efflam Bavouzet. 피아니스트. 1962년 프랑스에서 태어났다. 파리 음악원에서 수학하고, 피에르 상캉, 파울 바두라스코다, 니키타 마갈로프를 사사했다. 1986년 쾰른의 국제 베토벤 피아노 콩쿠르에서 우승했다. 1988년에 루푸에게 레슨을 받고 가르침을 청했다.

연주를 듣고 조언을 해달라고 부탁했습니다. 그는 '듣는 건 딱 한 번'이며, '라흐마니노프처럼 내가 원하지 않는 작곡가의 작품은 가지고 오지 말 것'을 전제로 수락해주었습니다.

그의 자택에 도착 후 거실로 안내를 받았고, 먼저 제 나이를 말하고는 '지금 자신감을 잃고 어리석은 연주를 하고 있으며, 몇 시간씩 건반을 두드릴 뿐 아무런 성과가 없다'고 털어놓았습니다. 그러자 라두는 "내게도 그런 일이 종종 있다네"라고 고백하더군요. 그리고 잠시 대화가 이어졌습니다. "자신의 존재를 잊고 음악에 몰두하는 게 좋아. 음악과 악기와 자신이라는 3자가 융합하는 상태. 누가 누구를 위해 연주하는지, 그런 것에서 멀어져 보는 거네. 원래는 피아니스트가 피아노라는 악기를 써서 음악을 연주하는 거겠지만, 어쩌면 음악이 피아노를 쳐서 피아노가 피아니스트를 위해 음악을 연주해주는 건지도 모르지." 저는 그의 말에서 동양적 접근을 느꼈습니다. 그는 통상적인 사고 프로세스를 거꾸로 뒤집는 겁니다. 아시아의 어느 노승이 쓴 책을 읽은 적이 있는데* 그 노승은 궁도弓道에 대해 이렇게 설명하더군요. "활을 쏘는 것은 자신이 아니다. 당신은 과녁이 되고, 활이 당신에게 쏘라고 명령하는 것이다." 즉, 자신을 둘러싼 세계를 잊고 오로지 음악에만 집중하라는

* 한국어판은 『마음을 쏘다, 활』(오이겐 헤리겔 지음, 정창호 옮김, 걷는책, 2012).

말입니다. 라두의 철학에선 무언가를 강제하거나 원하는 법이 없습니다. 성공해도 늘 그것을 놓아주지요. 탐내면 탐낼수록 목표를 잃어버리기 때문입니다. 아무것도 원하지 않는 상태가 이상理想입니다. 그는 요가를 인용했습니다. '당신이 아무것도 바라지 않을 때 그것은 실현된다. 만약 당신이 계속해서 욕구하면 당신의 바람과 정반대의 일이 일어난다. 모든 탐욕에서 멀어진다. 완전히 몰두한다. 연주를 의식하지 않는다. 음악이 자연스럽게 떠오른다. 그리고 자신을 잊는다.' 이렇게 자신이 존재하지 않는 수준으로 에고(자아)를 잊는 겁니다. 그러면 피아노가 당신을 위해 연주해줍니다. 이게 그가 음악을 만들어가는 철학이라고 생각했습니다.

제가 제 삶의 방식에 만족하지 못한다고 말하자 그는 열심히 제 이야기를 들어주었습니다. 그 당시 저는 음악을 대하는 태도뿐 아니라 심리 상태에도 문제가 있었습니다. 그는 좋은 음악을 만들기 위해서는 좋은 심리 상태가 꼭 필요하다고 하더군요. 이렇게 30분 정도 대화를 나눈 후, 이윽고 그는 제게 어떤 곡을 연주하고 싶은지를 물었습니다. 하이든의 소나타와 슈만의 〈빈 사육제의 어릿광대〉를 준비해 왔다고 하자 그는 슈만을 듣고 싶다고 했습니다.

그의 집에 있는 터치감이 무거운 피아노로 먼저 손을 푼 다음 슈만의 곡을 연주했습니다. 그의 첫 조언은 전체에 관한 것이었습니다. 곡의 전체상이 보이지 않고 방향성이 없으며 머릿속에서 지휘가 제대로 되지 않는다는 말이었죠. 확실히 당시 저에게 부족한 부분이었습니다. 머릿속에서 마치 지휘자가 된 것처럼 피아노를 연주해야 한다는 것, 그게 제가 그에게 얻은 가장 큰 배움입니다. 이 말은 저의 음악적 접근을 크게 바꾸어주었죠.

예컨대 라벨의 '옹딘'(〈밤의 가스파르〉 첫 번째 곡)을 연주할 땐 불레즈가 된 것처럼 연주해야 하는 겁니다. 버르토크를 연주할 때는 솔티가 되고, 슈만을 연주할 때는 카를로스 클라이버가 되는 식이죠. 지휘자가 있으면 그 사람이 첫 박자는 여기, 두 번째 박자는 여기, 이렇게 지시해주잖아요? 그런데 우리 피아니스트는 건반 누르기에 바쁘고 음악 표현에 정신이 팔려 박자를 완전히 잊어버리는 경우가 많습니다. 너무 자유로워지고 말죠. 지금 제 학생을 가르칠 때 저는 "하나, 둘, 셋" 하고 큰 목소리로 박자를 세게끔 지도합니다. 대부분 그걸 못하거든요. 그 방법을 모르는 겁니다. 물론 그들은 박자가 무언지는 알고 있습니다. 하지만 진짜 유기적인 감각으로 알지는 못합니다. 메트로놈처럼 정확하게 연주해야 한다는 말이 아닙니다. 얼마든지 자유롭게 연주해도 좋지만, 그 자유를 어디서 얻느냐가 문제입니다. 유연성을 가지는 동시에 자기가 소절의 어디쯤에 있는지 항상 파악해야 할 필요가 있어요. 규칙적인 박자 속에서 자유로운 감각을 키우는 겁니다. 이런 접근법을 가르쳐준 사람이 바로 라두였습니다.

그런 다음 슈만 연주에 대한 세부 레슨이 시작되었습니다. 그때 또 하나 중요하다고 느낀 건, 어떤 부분을 설명할 때마다 그가 몇 번이고 음악의 골격을 보여주었다는 점입니다. 복잡한 음악을 멜로디와 화성으로 단순화해 보여주었죠. 아르페지오* 같은 불필요한 요소를 배제하고 가장 명백하고 간결한 구성 요소로 음악을 되돌리는 법. 저는 이 두 가지를 라두에게 배웠습니다.

레슨은 세 시간 이상 이어졌습니다. 그는 레슨이 끝난 뒤 저를 버스 정류장까지 데려다주었죠. 날씨도 근사했고, 버스를 기다리는 내내 저는 무척 행복했습니다. 그는 제게 많은 희망과 에너지를 불어넣어주었어요. 우리는 매니지먼트나 커리어, 콩쿠르 같은 음악 비즈니스에 대해선 전혀 이야기하지 않았습니다. 그는 당시의 제 감정에 공감해주고 또 자신의 문제에 대해서도 말해주었습니다. 왜인지는 모르겠지만, 그가 리흐테르의 영향에서 벗어나는 건 어려운 일이라고 말했던 게 아직도 기억이 납니다.

---

* 화음을 구성하는 각 음을 동시에 연주하지 않고 펼쳐서 차례로 연주하는 주법.

그 후로 그와 만난 건 아마 1991년일 거예요. 파리 근교 퐁텐블로에서 콘서트 연주를 들었죠. 우리는 같은 호텔에 묵었고 콘서트 15분 전 로비에서 딱 마주쳤는데, 얼굴이 창백하고 무척 긴장한 듯 보여서 간단한 인사만 하고 지나쳤습니다.

저와 친하게 지내던 졸탄 코치슈*는 라두를 가장 존경했습니다. 그들의 음악은 근본적으로 다릅니다. 코치슈는 에너지와 격렬함을 담아 모든 음을 200퍼센트로 연주해서 듣는 이의 목덜미를 잡아챕니다. 라두의 경우 그런 일은 없어요. 그 자신이 말하듯 '아무것도 바라지 않고 음악 자신이 연주하게끔 하는' 연주죠. 청중은 그가 있는 곳으로 이끌려 가 그의 음악 세계로 빠져듭니다. 라두는 결코 당신의 목덜미를 잡아채지 않아요.

루푸가 제게 선사해준 영감에 진심으로 감사한 마음입니다. 피아노 연주 기술뿐 아니라 음악을 대하는 자세, 악곡에 접근하는 방법 등 많은 것을 배웠습니다.

2021년 5월 23일

* Zoltán Kocsis. 헝가리의 지휘자 겸 피아니스트. 18세의 나이로 1970년 베토벤 피아노 콩쿠르에서 우승하며 주목받았다. 세련된 감각과 힘을 겸비한 테크닉으로 데죄 란키, 언드라시 시프와 함께 전후 헝가리를 대표하는 피아니스트로 손꼽힌다.

미헐 브란제스*

그것은 피아노의 소리가 아니라
'라두 루푸의 소리'입니다

 라두의 음악과 처음 만난 건 1997년입니다. 저는 아르바이트를 해서 모은 용돈을 품에 안고 자전거를 타고 달려 베토벤의 '월광' 소나타 레코드를 사기 위해 알크마르에 있는 레코드 가게로 향했습니다. 네덜란드의 작은 마을에 있는 피아노 선생님의 영향을 강하게 받았던 저는 베토벤은 무조건 아라우나 루빈스타인 혹은 켐프의 연주로 들어야 한다고 배웠는데, 가게에는 그 세 거장의 레코드가 없었습니다. 하늘색 양복 차림에 수염을 기른 젊은 남자의 사진이 들어간 레코드만 있었죠. 네덜란드에서 히트한 팝송 〈Una Paloma Blanca(흰 비둘기)〉를 부른 조지 베이커와 닮았더군요. 라두 루푸는 모르는 이름이었지만 다른 레코드의 입고를 기다리는 건 싫었기에 그 레코

---

* Michel Brandjes. 피아노 조율사. 네덜란드에서 태어났다. 루푸에게 신뢰를 받아 1991년 이후 유럽에서 열린 콘서트의 조율을 담당했다.

드를 사서 집으로 돌아왔습니다. 그리고 레코드에 바늘을 올리자마자 순식간에 '월광' 소나타 도입부의 천국 같은 따뜻함과 관대함에 휩싸였습니다. 그리고 그 연주는 제 인생에서 아주 소중한 마음 둘 곳이 되어주었죠.

실제로 라두와 처음 만난 건 1991년, 그가 암스테르담 콘세르트헤바우에서 슈베르트의 피아노 소나타 21번 B플랫장조를 연주했을 때입니다. 그는 네덜란드의 매니저인 마르코 랴스코브와 함께 공연에 쓸 피아노를 고르기 위해 제가 근무하는 악기점에 왔습니다. 그때 라두는 머리가 새까매서 꼭 라스푸틴 같았습니다. 그는 피아노를 테스트해보더니 "신경질적인 여자가 내는 것처럼 날카로운 소리가 나는군" 하고 불평하더군요. 그나마 마음에 들어 한 건 1974년제 스타인웨이였습니다. 아주 특별한 피아노예요. 소리가 아주 둥글죠. 라두는 둥글고 섬세하며 부드럽게 노래할 수 있는 아름다운 소리를 좋아했습니다. 그 피아노에는 그게 있었어요. 440440이라는 특별한 번호가 붙어 있었죠.

그 이후로 저는 라두의 콘서트에 쓸 피아노 준비를 담당해왔습니다. 하지만 소리 자체에 관해 라두와 이야기하는 일은 별로 없어요. 라두를 위한 소리를 만들기 위한 아이디어는 이미 제 안에 다 있기 때문입니다. 저는 그의 터치를 보고 그의 음악에 귀를 기울입니다. 저는 기술자로서 피아니스트가 어떻게 소리와 대화하는지를 봅니다. 라두의 소리는 굉장히 복잡해요. 피아노의 소리와 연주가의 터치는 그 사람의 신체 골격과 떼어놓고 생각할 수 없습니다. 라두의 경우는 직감적으로 한다는 느낌이 듭니다. 저는 늘 콘서트 하루 전이나 하루 반나절 전부터 준비를 시작했습니다. 라두가 홀에 도착하면 저는 아무런 설명도 하지 않고, 그는 그냥 피아노 앞에 앉죠. 저는 매니저인 마르코와 함께 객석으로 갑니다. 그리고 라두가 연주를 합니다. 이따금 바늘로 약간 조정을 할 때도 있지만 그게 다예요. 그리고 라두는 리허설을 하다가 곡 중간에 연주를 멈추고 스스로에게 심한 말을 퍼붓습니다. 대개 자기 연주에 대한 불만의 말이죠. 러시아어와 영어의 슬랭, 이 책엔 도저히 쓸 수 없을 만큼 거친 말로 소리치곤 했습니다. "제길. 그만하고 가지." 그렇게 말하며 그는 피아노 앞에서 물러나고, 우리는 늦은 점심을 먹으러 갑니다. 그리고 거기선 더 이상 피아노 이야기는 하지 않아요.

라두는 악기에 대한 요구가 가장 엄격한 아티스트였습니다. 홀의 음향과 악기 사이의 관계는 물론, 무대 위 피아노를 놓는 위치가 1인치라도 바뀌거나 건반의 움직임에 아주 작은 변동이 생기기만 해도 아름다운 소리가 탄생하는 순간을 망쳐버릴 수 있습니다. 그 소리는 작게 반짝이는 별 무리가 될 수도, 깊고 새카만 저음의 구름이 될 수도 있지요. 소리와 인간 신체와 악기 사이의 관계성을 알려고 하면 할수록 라두 루푸의 우주 속 별은 손이 닿지 않는 곳으로 가버립니다. 분석이 불가능한 거죠.

이건 에네스쿠 페스티벌에서 있었던 일입니다. 당시 그는 10년째 루마니아를 떠나 있던 상태였어요. 보통 아티스트는 고향에서 연주하기를 꺼립니다. 자기 나라에서 연주하면 왠지 모르게 부담이 되니까요. 라두는 루마니아에서 연주하는 일에 소극적이었지만, 결국은 거기서 슈베르트로만 채운 프로그램으로 리사이틀을 열었고, 그에게 지명을 받은 제가 콘서트에 동행했습니다. 그는 굉장히 긴장한 상태였습니다. 홀은 젊은 사람들로 가득했어요. 콘서트는 대성공이었지만 라두는 썩 만족하지 못한 듯했습니다.

라두의 연주회에 관한 추억은 차고 넘칠 만큼 많습니다. 파리의 살 플레옐에서 연주한 슈베르트의 〈악흥의 순간〉 2번 안단티노*의 굉장함이란……. 오로지 이 〈악흥의 순간〉을 듣기 위해 비행기로 대서양을 횡단할 가치가 있다고 생각했습니다.

* 안단테보다 조금 빠르게 연주하라는 뜻.

2013년 9월 루마니아에서 열린 제오르제 에네스쿠 페스티벌에서.

넬손 프레이르가 2012년 룩셈부르크에서 슈만의 피아노 협주곡을 연주했을 때의 일입니다. 라두는 그다음 날 똑같은 협주곡을 연주했죠. 이 두 개의 콘서트는 정확히 기억합니다. 라두는 넬손의 콘서트에 갔고, 공연이 끝난 후 두 사람은 포옹을 나눴습니다. 넬손은 라두가 그의 콘서트에 와줘서 기쁜 듯했습니다. 두 사람은 서로를 존경하는 겁니다. "자네의 슈만 연주는 정말 대단하군." 라두의 말에 넬손은 "자네만 못하지"라고 답하고, 그러면 또 라두가 "자네가 훨씬 나아"라고 받아쳤죠. 두 사람은 이런 말을 끝도 없이 주고받더군요. 서로 음악적으로 친근감을 느끼는 것 같았습니다.

라두는 콘세르트헤바우에서 마르코 랴스코브가 기획한 '마스터 피아니스트 시리즈'에 단골로 등장했습니다. 똑같은 피아노인데 어째서 특별한 소리가 나는 걸까요? 그야말로 루푸 사운드입니다. 다른 것들과 전혀 다른 울림을 내는 소리, 별세계의 소리가 납니다. 슈베르트의 〈즉흥곡〉 D.899 1번에서는 소리가 침묵 속에서 다가와 다른 소리에 녹아들더군요. 콘세르트헤바우의 아름다운 음향 공간에 색채의 선율을 수놓아, 마치 시간이 멈춘 듯한 느낌이었습니다. 라두가 슈만의 환상곡과 〈어린이 정경〉을 연주했을 땐 그리고리 소콜로프, 아르카디 볼로도스, 니콜라이 루간스키 등 많은 연주자가 라두의 콘서

2012년 12월 룩셈부르크에서. 넬손 프레이르(앞쪽)의 콘서트에 가서 공연 후 그와 포옹하고 있는 루푸.

트에 왔더군요.

저는 여러 피아니스트의 녹음을 위해 조율을 맡아왔습니다. 악기와 피아니스트의 터치가 어떤 관계를 가지는지 고찰할 귀중한 기회죠. 각기 다른 종류의 조합에 따른 여러 패턴을 발견하는 건 아주 흥미로운 일입니다. 그러나 라두의 터치는 수수께끼입니다. 어째서 그가 연주하면 다른 피아니스트와 그렇게까지 다른 소리가 나는 건지, 참 신기한 일입니다. 많은 피아니스트가 제게 '라두 같은 소리를 만들 수 있는지'를 묻습니다. 라두의 피아노를 조율할 때 하는 조정(레귤레이션)과 정음(보이싱)이 가능하냐고요. 제가 라두를 위해 특별히 하는 일은 아무것도 없습니다. 늘 똑같이 조정하고 평소처럼 준비할 뿐이죠. 단, 아주 치밀하게 하는 건 맞습니다. 정음을 할 땐 왼쪽 페달을 조정하는데, 그 외에 특별한 건 아무것도 없습니다. 제가 두 달 동안 피아노 한 대에 매달려 준비한다고 한들 그 누구도 라두 같은 소리를 내지는 못해요. 그건 피아노의 소리가 아니라 '라두 루푸의 소리'거든요.

덤으로 조금 덧붙이자면, 라두는 가끔 제게 피아노 레슨을 해주었습니다. 그는 소리가 객석에서 어떻게 울리는지 확인하기 위해 제게 무대에서 연주를 해보라고 하더군요. 그러고는 제가 무언가를 연주하면 몇 가지 제안을 해주었습니다. 저는 라두에게 어떻게 하면 피아노로 '노래할' 수 있는지를 물었습니다. 포르타토*를 말하는 겁니다. 그가 연주하면 바이올린처럼 들리기도, 인간의 목소리처럼 들리기도 합니다. "왼손은 1, 2, 3, 1, 2, 3. 여기를 살짝 이렇게 하면…… 과장해서 하면 이런 느낌으로. 그렇지, 1, 2, 3, 1, 2, 3." 라두는 제 팔에 손을 얹고는 이런 식으로 가르쳐주곤 했습니다. 템포에 관해서도요. 슈베르트의 B플랫 장조 소나타[21번]에 대해선 "이 부분에서 다들 너무 빠르게 연주해. 여기는 같은 템포를 유지해야 하네" 하는 식이었죠.

베토벤 소나타 18번 Op.31-3의 경우에도 다들 너무 급하다고 하더군요. 하루는 조율을 끝내고 무대에서 이 소나타를 연주하다가 "아냐, 아냐, 왜 그렇게 빨리 치는 거야" 하고 라두에게 혼이 나고 말았습니다.

2021년 2월 20일

---

* 스타카토와 레가토의 중간 주법으로, 각 음을 부드럽게 끊어서 연주하라는 뜻이다.

인터뷰

넬손 괴르너* & 루수단 괴르너**

매력과 발견으로 가득했던 조언.
그의 말은 모두 제 마음속에 새겨져 있습니다

넬손

처음 라두의 연주를 라이브로 들었던 건 1990년 즈음입니다.
그가 얼마나 위대한 아티스트인지 녹음을 들어서 이미 알고
있었지만, 콘서트 연주를 듣고는 완전히 압도당했어요. 라두
가 내는 소리 특유의 사이언스, 그가 빚어내는 소리의 울림에
말로 표현할 수 없는 도취감을 느꼈습니다. 라두의 음악을 들
으면 음악의 색채 속으로 끌려 들어가 그의 음악 세계에 폭 안
기는 느낌이 듭니다. 그의 라이브 음악을 듣는 건 고상하고 아

* Nelson Goerner. 피아니스트. 1969년 아르헨티나에서 태어났다. 1986년에
프란츠 리스트 콩쿠르에서 우승하고, 1990년에 제네바 국제 콩쿠르에서 우승
했다. 제네바 음악원의 교수로 재직 중이다.

** Rusudan Goerner. 피아니스트. 제네바 음악원의 바이올린 클래스에서 피아
노 반주를 담당하고 있다.
　괴르너 부부는 루푸와 그의 부인인 델리아와 친구 사이다.

름다운 체험이에요.

제네바의 빅토리아 홀에서 처음으로 라이브 연주를 들었는데, 바흐의 파르티타 1번과 모차르트의 F장조 소나타 12번 K.332, 후반에는 슈만의 〈교향적 연습곡〉을 연주했던 걸로 기억합니다. 라두의 음악을 더 알고 싶다는 욕구에 휩싸여 녹음을 차례로 다 듣고 콘서트도 다녔습니다.

1993년에 크리스티안 지메르만의 콘서트에 갔을 때 무대 뒤로 갔더니 거기 라두가 있더군요. 저는 용기를 내어 물었습니다. "당신을 존경합니다. 제 연주를 한번 들어봐주시겠어요?" 놀랍게도 라두는 "한 번이라면 좋네"라고 승낙해주었습니다. 이미 라디오에서 제 연주를 들은 적이 있는 모양이었습니다. 그 일을 계기로 알고 지내게 되었어요. 당시 저는 베토벤의 피아노 협주곡을 집중적으로 공부하는 중이었습니다. 그의 집에 가니 놀랍게도 업라이트 피아노밖에 없더군요. 그 피아노로 저는 협주곡 4번을 연주했고, 정신을 차리니 네 시간이 흐른 후였습니다. 그렇게 긴 시간을 할애해주는 그의 관대함에 감격했던 기억이 납니다. 그리고 음악에 대한 그의 통찰력에 매료되었죠. 꼭 다시 연주를 들어주었으면 한다고 부탁을 해서 몇 번 더 그의 집에 갔습니다. 라두가 제 연주를 들으면서 해주었던 많은 조언은 제 인생 최고의 보물입니다. 라두가 들어준 곡은 베토벤의 피아노 협주곡 1, 2, 4, 5번과 브람스의 피아노 소나타 3번, 쇼팽의 발라드 4번, 리스트의 소나타 B단조, 슈베르트의 피아노 소나타 17번 D장조 D.850, 브람스의 피아노 협주곡 2번입니다. 갈 때마다 몇 시간씩 함께 보내곤 했습니다. 라두는 브람스 협주곡 2번을 콘서트에서 연주한 적은 없었지만, 깊은 친근감을 가지고 이 작품을 잘 이해하고 있었습니다.

라두는 선생님으로서도 무척 자극이 되는 존재였습니다. 곡의 구조뿐 아니라 가능한 모든 각도로 작품에 접근하는 그의 방식은 제게 많은 영감을 주었죠. 라두는 자기가 설명에 서툴다고 했지만 사실 아주 이해하기 쉬웠습니다. 음악에 대한 깊은 고찰, 날카로운 하모니 감각 등 그에게서 정말 많은 것을 배웠습니다. 그는 피아니스트로서 말하기보다는 음악이란 무엇인지를, 또 그것이 무엇을 의미하는지를 음악 속으로 깊이 파고들어 설명해주었죠. 모든 프레이즈, 모든 음표의 의미를 파악하고 있더군요.

리스트의 소나타 연주를 봐준 날엔 정말로 유익한 시간을 보냈습니다. 라두는 리스트의 소나타를 믿을 수 없을 만큼 훌륭하게 연주했어요. 라두가 이 작품을 콘서트에서 연주하는 걸 들은 적은 없었는데, 놀라움과 감동으로 충만한 체험이었습니다. 그의 조언은 다채로운 매력과 발견으로 가득했습니다.

오래전 라두가 들어주었던 곡에 다시 몰두 중인데, 그가 해줬던 말은 전부 제 마음속에 새겨져 있습니다. 그가 얼마나 소

2020년 왼쪽부터 필리프 카사르, 라두 루푸, 넬손 괴르너.

리를 소중히 여기는지, 정말 그건 예사 수준이 아니었습니다. 모든 음에는 의미가 있어야 한다고 하더군요. 그는 아름다운 소리보다는 오히려 저마다의 작품에 어울리는 소리를 찾으려 했습니다. 우리는 소리를 만들기 위해 아주 많은 시간을 썼죠.

라두는 제 아내인 루시코(루수단의 애칭)와 저의 둘도 없는 친구가 되었습니다. 그는 만사에 충실해서 신뢰할 수 있는 사람입니다.

루시코

버르토크의 피아노 협주곡 3번처럼 라두가 비교적 최근에 레퍼토리에 추가한 작품은, 제가 오케스트라 파트를 피아노로 연주해서 본공연 준비를 도왔습니다. 라두에겐 오케스트라 파트에 대한 명확한 비전이 있었습니다. 악기 파트의 소리가 각각 어때야 하는지 머릿속에 다 들어 있는 상태로 제게 이러이러한 식으로 연주해달라고 정확히 요구하더군요. 제게는 반주를 실제로 어떻게 해야 하는지를 배울 좋은 기회였고, 정말 많은 것들을 배웠습니다. 라두의 의견은 굉장히 흥미로웠습니다. 그는 오케스트레이션*을 꿰고 있었고, 중요한 파트를 어떻

---

* 다양한 악기를 사용하여 조합하고 편성하는 것. 관현악법 또는 기악편성법이라고 부르기도 한다.

게 지휘해야 할지 그 모든 부분에 명확한 아이디어가 있었습니다. 그래서 다양한 악기 파트가 각각 음악을 어떻게 표현해야 하는지 설명해주었죠. 또한 그는 그런 요소들을 자신이 바라는 음악으로 구현해내려면 어떻게 해야 하는지도 이해하고 있었습니다. 아주 흥미로운 체험이었어요.

오케스트라 파트뿐만 아니라 실내악에 관한 라두의 의견도 들을 수 있었습니다. 라두의 부인이자 로잔 실내 관현악단의 바이올린 연주자이기도 한 델리아와 함께 실내악을 연주했을 때의 일입니다. 리허설을 위해 그녀의 집을 방문하면 항상 라두가 함께 있더군요. 주눅은 들지만 그렇다고 라두에게 듣지 말라고 할 수도 없었죠. 그는 음악적으로 우리 연주의 어느 부분이 부족한지를 설명해주었습니다. 메시앙의 〈시간의 종말을 위한 4중주〉처럼 자신의 레퍼토리가 아닌 작품에 대해서도 많은 아이디어를 주었죠. 드보르자크, 브람스, 쇼스타코비치의 피아노 5중주 등, 우리는 로잔 실내 관현악단의 실내악 시리즈 연습을 라두의 집에서 곧잘 하곤 했습니다. 그는 각 파트의 모든 것을 꿰고 있었고, 우리에게 다양한 제안을 해주었죠.

넬손

맞아요, 저도 딱 말하고 싶었던 부분이에요. 라두는 레슨을 할 때 '피아니스트로서' 쇼팽의 발라드나 리스트의 소나타를 논하는 것이 아니라, 보다 더 완전하고 총체적인 '음악가로서' 피아노라는 악기보다 훨씬 먼 곳을 내다보았던 겁니다.

루시코

물론 구체적인 소리에 관한 이야기도 많이 나눴습니다. '어떤 악기든 소리에는 의미가 있다. 어떤 곡을 연주하든 그 곡의 문맥 속에서 의미가 있는 소리를 내야 한다'는 걸 그에게서 배웠죠. 라두는 비현실적인 차원에서 연주를 합니다. 프라이부르크에서 연주했던 베토벤의 피아노 소나타 32번 Op.111은 정말 잊을 수가 없어요.

넬슨

뭐니 뭐니 해도 드뷔시의 전주곡집이 굉장했습니다. 라두의 음악은 왜 특별할까요? 그건 그의 음악엔 사람을 도취시키는 특성이 있기 때문이라고 생각해요. 이건 누구나 다 가진 특성은 아니죠. 음악이 좀 더 바깥으로 향하고 주법이 화려해서 청중을 마비시키는 타입의 피아니스트가 있습니다. 반면 보다 내향적이고 풍부한 표현으로 친밀하게 커뮤니케이션을 하는 피아니스트가 있죠. 라두는 후자입니다. 청중을 자신의 오라aura 속으로 끌고 들어가죠. 자신만의 세계로 당신을 불러들이는 겁니다. 저는 그게 라두가 가진 많은 자질 중 최고라고 생각해요.

루시코

라두의 예술이 가지는 특별함은, 니키타 마갈로프의 부인이 늘 말했듯 자유로움과 간결함에서 온다고 생각해요. 원래 자유로우면 자유로울수록 연주가 복잡해지기 마련이지만, 라두의 경우에는 자유로운 동시에 간결하죠.

넬손

위대한 자유로움 속에 존재하는 간결함. 그의 예술이 고귀한 이유입니다. 그는 같은 연주를 두 번 하지 않아요. 결코 같은 것을 반복하지 않죠. 그게 굉장히 매력적입니다. 그의 음악은 그 자신의 영혼에서 비롯되는 것, 마음속 깊숙한 곳에서 나오는 것입니다. 그의 연주에는 남다른 표현력과 커뮤니케이션의 힘이 있어요. 청중을 의식하지 않음에도 불구하고 설득력 있는 음악으로 청중을 매료하죠. 그의 음악은 대체로 내향적이지만 '자기 자신의 내면'으로만 향하지는 않아요. 그 내향성은 청중 각자의 내면을 향해서도 던져집니다. 그의 소리는 정말로 특별해서 다른 피아니스트의 소리와는 압도적으로 다릅니다. 폴리포니, 내성, 텍스처가 풍부하고 명확할 뿐 아니라 아주 섬세하죠.

루시코

음악 이론가 하인리히 솅커는 대위법에 관한 책에서 이런 접근법을 취했습니다. 가장 중요한 선율과 2차적인 선율 등 선율의 계층을 단순화하여 음악을 파악하는 거죠. 페라이아와 라두는 거기서 영향을 받은 듯합니다. 라두는 아주 간결한 선율을 들려주는데, 그의 음악이 청중을 그의 세계로 끌어들이는 이유는 그것뿐만이 아닙니다. 그의 음악은 실로 자유롭고 명쾌합니다.

우리에게 라두는 가장 커다란 자극을 주는 아티스트 중 한 사람이자 친애하는 친구입니다. 함께 음악을 듣다 보면 그가 클래식 음악의 거의 모든 레퍼토리를 외우고 있다는 사실을 알 수 있어요. 모스크바 친구들은 라두가 피아니스트가 아니라 지휘자가 되지 않을까 생각했다고 하더군요. 한번은 라두에게 왜 피아노를 골랐는지 물어본 적이 있습니다. "글쎄⋯⋯ 일단 연주해봤지. 그랬더니 잘되어버린 거야. 이유를 모르겠군." 그러고 보면 라두는 음악을 들을 땐 늘 지휘를 합니다.

2021년 2월 21일

율리아나 아브제예바*

라두의 러시아어는 아주 풍부합니다.
이야기를 잘 들어주고, 늘 무언가를 주는 사람이에요

처음으로 라두의 녹음을 들은 건 아직 제가 모스크바에서 공부 중이던 10대 때였습니다. 브람스 피아노 협주곡 1번 녹음이었죠. 왜인지 제 안에서 라두의 이름은 처음부터 브람스나 슈베르트와 이어져 있었습니다. 그게 제 꿈과의 첫 연결고리였어요.

저는 모스크바 출생으로 그네신 음악학교에서 공부했습니다. 모스크바에서 '라두 루푸'라는 이름은 특별한 의미와 함께 발음되었고, 어떤 오라를 발산했습니다. 저는 깊이 있는 연구를 위해 취리히로 이주했고, 거기서 처음으로 라두의 라이브 연주를 들었습니다. 2005년, 취리히 톤할레 관현악단과 협연한 브람스 피아노 협주곡 1번이었죠. 너무 훌륭해서 저는 그

* Yulianna Avdeeva. 피아니스트. 1985년 모스크바에서 태어났다. 2010년 쇼팽 국제 콩쿠르에서 우승하여 아르헤리치 이후 45년 만의 여성 우승자가 되었다.

저 압도당했습니다. 이 작품은 아주 장대합니다. 고귀하고 위엄 있는 동시에 유머 감각도 있죠. 저는 먼저 그의 소리에 매료되었습니다. 라두의 피아노 소리는 너무 특별해서 다른 무언가와 비교할 수조차 없습니다. 아주 따뜻하고 사적이죠. 라두의 소리를 들으면 그게 라두의 소리라는 사실을 바로 알 수 있어요. 사람 목소리를 들으면 누가 말하고 있는지 알 수 있는 것과 비슷한 느낌으로요. 저는 여러 홀에서 그의 소리를 들었는데, 홀의 크기는 상관이 없습니다. 늘 부드럽게, 마치 꽃망울처럼 천천히 피어나죠. 빛줄기처럼 여린 소리가 아주 사적인 그 자신의 목소리처럼 따뜻하게 마음을 울립니다.

2017년에 라두는 뮌헨에 와서 하이든의 변주곡집, 슈만의 환상곡, 차이콥스키의 〈사계〉를 연주했습니다. 저는 헤라클레스홀의 무대에서 꽤 먼 자리에 앉았는데 꼭 스테레오로 듣고 있는 것처럼 가깝게 느껴지더군요. 그의 소리는 아주 풍부해서 납작한 부분이 없어요. 그래서 어느 자리에 앉든 상관이 없습니다. 마치 저만을 위해 존재하는 음악 같은 느낌이었습니다. 앙코르는 슈베르트의 〈즉흥곡〉 G플랫장조[D.899 3번]였던 걸로 기억합니다.

라두의 연주를 들으면 그게 어떤 작품이든 충격을 받습니다. 최근에는 라두가 연주하는 거슈윈의 〈랩소디 인 블루〉와 피아노 협주곡 F장조의 녹음을 들었습니다. 평소 그의 레퍼토리와는 전혀 다른 타입의 음악이지만 정말 인간미가 느껴졌습니다. 그가 자주 연주하는 브람스나 슈베르트와는 전혀 다른 신선한 접근이었죠. 유머와 재치가 넘쳐흐르더군요. 라두는 정말 다채로운 면모를 가진 사람이라고 생각해요. 그의 개성, 인간으로서의 다양한 얼굴, 그의 소리가 발산하는 특별한 빛. 라두가 음악에 대해 이야기할 때면 저는 그의 눈 속에서 빛을 봅니다. 그의 소리도 같은 빛을 발하죠. 마치 등불과도 같은 빛입니다.

라두와는 러시아어로 대화합니다. 그의 러시아어는 완벽해요. 재미있는 러시아어를 많이 알고 있죠. 러시아어만이 아니에요. 영어를 쓰든 그 외 어떤 언어로 말하든 그의 어휘나 말투는 늘 아주 풍부합니다. 러시아어는 단어를 조합해서 새로운 말을 만들 수 있는데, 그의 창의적이고 매력적인 러시아어를 듣는 건 언제나 즐거운 일입니다. 라두는 이야기를 잘 들어주고 늘 무언가를 주는 사람이에요. 그는 이야기 상대의 미세한 변화를 아주 민감하게 포착합니다. 그의 인품과 음악으로부터 얼마나 많은 영감을 받았는지 모릅니다. 인생이 힘들 때면 라두의 음악을 안다는 사실, 그를 안다는 사실이 커다란 구원이 됩니다.

라두의 무엇이 특별한가 하면, 그건 바로 그의 '따뜻함'입니다.

2019년 10월 30일

조성진*

"가르치진 않아, 들을 뿐이지."
—로잔에서의 레슨

처음 라두의 음악과 만난 건 제가 열세 살 때입니다. 데카에서 녹음한 브람스의 박스 세트였는데, 피아노 협주곡 1번, 소나타 3번, 그리고 만년의 소품들이 수록되어 있었죠. 어릴 적부터 레코드 듣는 걸 아주 좋아했는데, 당시엔 그리 많은 피아니스트를 알지는 못했습니다. 처음 샀던 디스크는 크리스티안 지메르만의 것이었습니다. 2005년 쇼팽 국제 콩쿠르에서 한국의 임동혁이 3위에 입상한 후로 한국에서는 쇼팽 콩쿠르가 유명해졌습니다. 그때부터 저는 CD를 모으기 시작했죠.

예술의전당 안에 레코드숍이 있었습니다. 당시 그 공연장에서 레슨을 받던 중이라 매주 그 숍에 갔어요. 거기서 라두의 음

---

* 피아니스트. 1994년 서울에서 태어났다. 2011년 차이콥스키 국제 콩쿠르에서 3위에 입상했고, 2012~2015년 파리 음악원에서 공부했다. 2015년에 쇼팽 국제 콩쿠르에서 우승했다. 2013년 무렵부터 루푸에게 몇 차례 레슨을 받았다.

반을 발견했죠. 저는 라두가 누군지 몰랐지만 앨범 재킷 사진이 브람스와 닮은 것 같아 사봤습니다. 라두는 즉시 제가 좋아하는 피아니스트가 되었어요.

버스로 통학할 때면 늘 라두의 음악을 들었습니다. 그의 음반은 전부 모았어요. 젊었을 적 음반부터 앙드레 프레빈과 협연한 모차르트의 〈두 대의 피아노를 위한 협주곡〉까지요. 해외주문을 했는데 미국에서 한국까지 오는 배송료가 비싸서 열네 살 소년에겐 고액의 쇼핑이었죠. 부모님이 음악을 좋아해 집에 오디오가 있었기 때문에 LP도 들었습니다.

2012년 6월에 라두와 실제로 처음 만났습니다. 저는 정명훈 지휘자와의 협연을 위해 파리에 갔고, 제 콘서트 일정이 끝난 후 라두의 콘서트에 가기 위해 체류 기간을 일주일 연장했습니다. 클라우디오 아바도가 지휘하는 모차르트 관현악단과 함께 슈만의 협주곡을 연주했거든요. 함께 아는 지인을 통해 라두와 직접 만날 수 있었는데, 그 지인은 라두의 콘서트가 있기 하루 이틀 전에 식사 자리를 만들어 저를 초대해주었습니다. 설마하니 라두가 그 자리에 진짜 올 거라고는 생각지도 못했어요. 하지만 라두는 왔습니다. 제겐 꿈 같은 일이었죠. 멀리서 라두가 담배를 피우는 모습이 먼저 보였고, 잠시 후 그가 디디에(드코티니)와 함께 제 쪽을 향해 걸어오더군요. 너무 긴장해

몸이 떨렸습니다. 그는 제 우상이었으니까요. "차이콥스키 콩쿠르에서 자네가 연주한 모차르트 피아노 협주곡[20번]을 들었네. 멋진 연주였어." 그는 제게로 와서 그렇게 말해주었습니다. 라두는 제 옆자리에 앉았어요. 그다음부턴 긴장해서 식사 중에 말 한마디 못 했죠. 이 사진은 그때 찍은 겁니다.

저는 라두의 녹음보다 라이브 연주를 더 좋아합니다. 훨씬 자유로운 데다 청중을 향해 말을 걸어오거든요. 피아니시모가 정말 아름답습니다. 아무리 작은 소리라도 전부 다 들려요. 바로 옆에서 조용히 말을 걸어오는 듯한 음악입니다. 꼭 마법처럼요. 녹음으로는 이 마법을 온전히 다 전달할 수 없어요.

라두의 콘서트에 가서 라이브 연주를 들을 수 있어 행복했습니다. 몇 번이나 갔는지 몰라요. 첫 번째는 아바도와의 협연이었고, 두 번째는 독주 리사이틀이었습니다. 파리에서는 일본에서 연주를 들으러 온 지카코 씨와도 만났죠. 살 플레옐에서 슈베르트, 프랑크, 드뷔시의 전주곡집을 연주한 건 2012년 10월이었습니다. 필하모니 드 파리에서는 베토벤의 피아노 협주곡 3번을 들었어요. 또 바렌보임의 지휘로 연주한 베토벤 4번도 들었습니다. 그건 지금은 문을 닫은 살 플레옐에서 있었던 콘서트 중 하나로 2014년 7월에 열렸죠. 파보 예르비가 지휘한 파리 관현악단과 연주한 베토벤 1번도 들었습니다. 버르

2012년 파리의 레스토랑에서 조성진(오른쪽)과 루푸.

토크 피아노 협주곡 3번은 헹엘브로크가 지휘한 파리 관현악 단과의 협연이었죠. 또 유롭스키가 지휘한 유럽 실내 관현악 단과의 모차르트 피아노 협주곡 24번도요.. 토리노 리사이틀 도, 필하모니 드 파리에서 열린 리사이틀도 들었습니다. 브람 스, 베토벤, 모차르트의 변주곡, 슈베르트의 '환상' 소나타. 아 마도 디디에나 앙드레 프루노의 영향이지 않을까 싶은데, 라 두는 매년 한두 번은 파리에 왔습니다. 제겐 행운이었죠. 제 파 리 유학 중 최고의 하이라이트는 라두의 라이브 연주를 들었 던 일이라고 할 수 있어요.

저는 라두의 로잔 자택을 방문해 그가 보는 앞에서 다양한 레퍼토리를 연주했습니다. 쇼팽도 많이 쳤죠. 라두는 쇼팽의 음악에 능통했지만 콘서트에서 연주하는 일은 없었습니다. 라 두가 저를 위해 파스타를 만들어준 적도 있어요. 함께 와인도 마시고, TV로 자동차 경주를 보기도 했죠. 그의 사적인 녹음 을 같이 듣기도 했습니다. 젊었을 적에 암스테르담에서 연주 한 무소륵스키의 〈전람회의 그림〉 같은 곡이었죠.

저는 2015년에 쇼팽 콩쿠르에 나갔습니다. 그때 스트레스가 엄청났어요. 원래 콩쿠르에 약해서 굉장히 긴장했습니다. 침 울한 상태로 있다가 1차 예선 전에 라두의 전화를 받았습니다. 라두의 응원을 받으니 눈물이 날 것 같더군요. 우승한 후에도 라두는 제게 전화해줬습니다. 감격했죠.

"난 가르치지 않아. 들을 뿐이지." 라두는 늘 그렇게 말했습니다. 하지만 실제로는 많은 조언을 받았죠. 레슨 중에 가장 매료되었던 부분은 그의 손이었어요. 10센티 정도 되는 가까운 거리에서 봤습니다. 라두의 손은 굉장히 부드러워요. 그가 어떻게 그런 소리를 내는지 저는 모릅니다. 재능이죠.

한번은 슈베르트의 소나타에 대해 물어본 적이 있습니다. 어느 소나타가 제일 어려운지 물었더니 후기의 소나타 19번 C단조라고 답하더군요. 제게 가장 어려운 곡은 마지막 소나타 21번 B플랫장조입니다. 하지만 라두는 그 곡이 C단조에 비하면 쉽다고 했어요. 이 B플랫장조 소나타는 제게 아주 특별한 곡으로, 죽기 전에 딱 한 곡의 음악을 들을 수 있다면 라두의 연주로 이 곡을 듣고 싶습니다. 그의 아고긱*은 특별해요. 각진 곳 없이 늘 물처럼 흐르죠. 그가 아주 천천히 연주하는 건 놀라운 일이에요. 흐르듯이 연주하려고 하면 음악이 끊어지지 않도록 빠른 템포로 연주하기 십상이거든요. 하지만 라두는 느긋한 템포로 연주하면서도 흐름을 유지할 수 있습니다. 그게 라두의 특별한 부분이죠. 그가 내는 소리, 루바토** 타이밍은 절묘

---

* 음의 빠르기에 변화를 주는 연주법으로, 본래 템포에 미묘한 변화를 줌으로써 음악을 다채롭고 풍부하게 표현할 수 있다.

합니다. 루바토를 낭만파 음악의 전유물이라고 생각하는 사람이 있는데 그렇지 않아요. 베토벤이나 모차르트를 연주할 때도 일종의 루바토가 필요하거든요. 라두는 그게 아주 뛰어납니다.

제가 레슨에 어떤 레퍼토리를 들고 가든 라두는 들어줍니다. "기억이 안 나는데"라고 말하면서요. "이제야 겨우 쇼팽이 뭔지 이해했어. 그런데 이젠 너무 늦었지." 어느 날 라두가 했던 그 말이 마음에 남아 있습니다.

2019년 11월 25일

** 자유로운 템포로 연주하라는 뜻.

스티븐 이설리스*

라두 루푸와 함께 한 여행의 궤적

어릴 때부터 쭉 그의 이름이 친근했습니다. 루푸가 1969년에 리즈 국제 피아노 콩쿠르에서 우승한 후로 부모님과 누나들이 그의 열렬한 팬이 되었기 때문입니다. 후에 저 자신이 그의 팬이 되었던 순간을 선명하게 기억합니다. 그때 저는 10대 후반을 지나 막 20대에 들어선 상태였고, 때마침 연주 동료 두 사람과 피아노 트리오를 결성했죠. 그 트리오의 콘서트를 위해 케임브리지에 머물 때였습니다. 멤버인 바이올리니스트가 당시 케임브리지에 살았는데, 그녀가 집에 뭘 가지러 가고 싶다기에 저는 함께 가기로 하고 피아니스트는 차 안에서 기다리게 되었습니다. 딱히 서두르지는 않았던 걸로 기억합니다. 왜냐하면 뼛속까지 '루푸 신자'인 바이올리니스트가 집 안에서

---

* Steven Isserlis. 첼리스트. 1958년 영국에서 태어났다. 솔리스트, 실내악 연주자로서의 활동 외에 『클래식 음악의 괴짜들: 베토벤이 스튜 그릇을 던져버린 이유는?』 등의 어린이 도서를 출간하면서 교육자로서의 면모도 뽐냈다. 2019년 루체른에서 열린 루푸의 은퇴 콘서트에서 협연했다.

기다리는 동안 들으라고 음악을 틀어주었거든요. 바로 루푸가
연주한 슈베르트의 피아노 소나타 14번 A단조 D.784 녹음이
었습니다. 그녀는 루푸의 걸출한 예술을 제게 소개하기 위해
도입부만 살짝 들려줄 생각이었습니다. 하지만 그 후 그녀가
예상하지 못한 일이 일어났죠. 기다리다 지친 피아니스트가
아주 무서운 얼굴로 화를 내며 들어와―그렇게 화를 내는 것
도 무리는 아니었습니다―얼마나 더 기다리게 해야 성에 차겠
냐며 노발대발한 겁니다. 그때 저는 어땠는가 하면, 완전히 넋
을 잃은 상태였습니다. 연주를 듣고 꼼짝할 수가 없었고, 꼭 시
간이 멈춘 것만 같았지요. 그 섬세함과 깊이 있는 해석, 작곡가
와 연주가의 마음 깊숙한 곳에 숨겨진 이야기에 귀를 기울이
고 있는 듯한 감각……. 그때까지 들어본 적이 없는 소리의 세
계였습니다. 이후 루푸에게 푹 빠졌지요.

 하지만 팬인 것과 친구 사이가 되는 것에는 큰 차이가 있습
니다. 루푸가 당시 런던에 살았던 덕분에 그와 몇 번 만날 수
있었고, 공통된 친구도 몇 명 있었습니다. 하지만 그때 저는 루
푸의 진정한 지인이었다고는 말할 수 없습니다. 한편으로 저
는 모두가 루푸에 대해 말할 때 보여주는 특별한 애정에 감동
을 받았습니다. 그러다가 후에 갑자기 제게 행운이 찾아왔습
니다. 거듭된 우연으로 두 번이나 그와 같은 시기에 일본을 방

문해 같은 호텔에 묵은 것입니다. 일본은 해외에서 온 연주가들이 친해지기 좋은 곳입니다. 자유 시간이 훌쩍 늘어나고 맛있는 음식도 잔뜩 있으니까요. 그런 이유로 저는 루푸의, 아니 라두의 지인이 되었습니다. 친한 정도까진 아니었지만 서로 마음을 터놓을 수 있게 되었지요. 아무리 발버둥을 쳐도 그의 자장磁場에서 벗어나는 건 불가능했습니다. 아무래도 그가 스스로의 자력을 깨닫지 못한다는 게 그 이유 중 하나겠죠……. 유명한 연주가들은 아무리 느낌이 좋은 사람이라도 젊은 연주가들과 만나면 대부분 자신감과 더불어 중진의 기운으로 가득 찬 오라를 자연스럽게 뿜어냅니다. 그러나 라두는 달랐습니다. 그러기는커녕 아주 철저히 겸손해서─당시 그 겸손함은 애처로운 자기 불신의 단계까지 발전한 상태였습니다─되레 이따금 주변 사람들을 화나게 할 정도였습니다! (겸허함이 그의 예술에서 중요한 역할을 하는 것 또한 사실입니다. 그의 여림이 듣는 이의 영혼에 말을 거니까요.) 잠깐이라도 연주 이야기가 나오면 그는 늘 예외 없이 굉장히 신랄한 말로 자기비판을 하든지 아니면 대개 과장스럽게 타인을 칭찬했습니다. 당시 굉장히 호평을 받던 어느 젊은 피아니스트에 대해 그와 이야기한 적이 있습니다. "음…… 저는 당신 연주가 더 좋은데요"라는 제 말에 라두는 "난 그녀 연주가 더 좋네"라고 대답하더군요. 짜증 나게도 진심으로요! 그가 자기 건강에 무관심한 사람이라 저는 조금 불안했습니다. 하루는 호텔 레스토랑에서 함께 점심을 먹는데 놀랍게도 라두가 샐러드를 주문하더군요. "세상에! 오늘은 웬일로 건강한 메뉴네요!" 제가 생각 없이 그렇게 놀린 탓에 라두는 바로 주문을 취소해버렸습니다. 아무튼 그와 친해지는 기쁨, 그의 배려와 따뜻함과 관대함을 접하는 기쁨, 그리고 농담을 할 때나 이야기 중간중간 새어 나오는 생기 있는 웃음소리를 듣는 기쁨은 모든 좌절감을 다 날려주었습니다.

저는 도쿄에서 라두의 연주를 들을 기회가 한 번 있었습니다. 굉장히 독특한 프로그램이었는데, 베토벤의 마지막 소나타—훌륭한 연주였습니다—와 에네스쿠의 소나타로 구성된 조합이었지요. 그렇지만 당시 기억을 되짚어보면 제가 들은 라두의 연주 중 단연 훌륭했던 건 런던에서 했던 공연입니다. 그는 이때 약 15년 만에 위그모어 홀의 무대에 올랐습니다. 어느 갈라 콘서트에 갑작스럽게 대체자로 나와 슈베르트의 소나타 21번 B플랫장조 D.960을 연주한 것입니다. 때마침 이 공연을 보게 된 운 좋은 사람들은 다들 그의 연주를 평생 잊지 못할 것입니다. 그것은 명백한 계시였습니다. 첫 음이 울려 퍼질 때부터 마지막 음이 소멸할 때까지, 우리는 천국에서 지옥까지를 전부 여행하고 귀환했습니다. 곡이 끝났을 땐 마치 별세계에서 돌아온 느낌이었지요. 심지어 라두 본인도 그땐 무언가 특별한 일이 일어났었다고 마지못해 인정했습니다.

⋯⋯그렇게 해서 저는 황홀했던 팬 시절을 졸업하고 동경하는 영웅과 친구가 되었습니다. 그 사실만으로도 충분히 설레었어요. 그래서 라두에게 저와 함께 연주해달라고 뻔뻔스럽게 요구한 적은 없습니다. 딱 한 번 그에게 앞으로 실내악을 연주할 생각이 있는지 에둘러 물어본 적은 있습니다. '가능성은 있다'는 그의 대답은 제게 희미한 한 줄기 희망이 되어주었지요. 후에 글로스터셔 음악제에 참여했을 때, 리사이틀을 끝마친 그가 갑자기 제게 함께 연주하자고 권하더군요. 이미 늦은 밤이었고 저는 와인을 몇 잔 비운 후였습니다. 우리는 안주를 집어 먹으면서 기억에 의지해 첼로 레퍼토리 몇 곡을 연주했습니다. 연주를 듣던 다섯 명 중 두 명은 곧 잠들었지요. 아무튼 저는 라두에게 공적인 장소에서 여는 공연을 제안해서 거북한 상황을 만들고 싶지는 않았습니다. 왜냐하면 저는 그가 다른 사람의 마음을 상하게 하는 걸 얼마나 싫어하는지 잘 아니까요. 그러던 어느 날 저는 '저와 함께'가 아니라 '저를 위해서' 연주해달라고 그에게 부탁할 절호의 구실을 얻었습니다. 50세 생일을 앞둔 제게 위그모어 홀의 디렉터인 존 길홀리가 기념 콘서트를 하지 않겠냐고 제안한 겁니다. 제 나름대로 신중하게 생각한 후 그에게 이렇게 답했습니다. "만약 라두 루푸와 언드라시 시프가 출연해주고, 나는 연주하지 않고 청중으로 있

을 수 있다면 공연을 기획하고 싶습니다"라고요. 저는 오랜 친구인 언드라시 시프에게 라두와 함께 슈베르트의 〈네 손을 위한 환상곡〉 F단조를 연탄해주지 않겠냐고 물었습니다. 언드라시는 이 아이디어를 굉장히 좋아했습니다. 그들은 오랜 친구로 서로를 존경하는 사이였음에도 아직 함께 연주한 적은 없었으니까요. 그런 다음 저는 용기를 내어 라두에게 출연을 의뢰했습니다. 그에게서 생각지도 못한 답이 돌아왔습니다. "좋아, 연주하고 싶네!" 너무 놀라 말문이 막혔습니다. 저는 조금 더 용기를 짜낼 필요를 느꼈습니다. 슈베르트 외에 슈만의 독주곡도 연주해주면 좋겠고, 펠리시티 롯과 마크 패드모어가 노래하는 하이든과 포레 가곡의 반주도 부탁하고 싶다고 했지요. 놀랍게도 라두가 수락해주었습니다! 라두가 그날 연주한 〈어린이 정경〉은 마법처럼 우리를 별세계로 이끌었습니다. 그 연주회는 제 기억 속 깊이 새겨져 있어요.

그 후 10년간 라두와 저는 많이 가까워졌습니다. 그의 아내인 델리아와도 친구가 되었지요. 배려심 넘치고 심지가 굳은 델리아는 라두를 지지하기에 안성맞춤인 여성이고, 라두 또한 델리아에게 둘도 없는 존재입니다.

아무튼 저는 그때까지도 라두에게 저와 협연해달라는 말을 꺼내지 못한 상태였습니다. 그러던 중 마침 제 60세 생일이 가까워졌고, 길홀리가 위그모어 홀에서 다시 생일 기념 콘서트를 열자고 제안해주었습니다. 심지어 이번엔 저도 연주해야 한다는 조건으로요. 그 무렵 저는 라두가 슬슬 은퇴 이야기를 꺼내기 시작했다는 사실을 알고 있었기 때문에 과감하게 협연을 의뢰하기로 했습니다. 저는 먼저 그에게 콘서트에 출연해줄 수 있는지를 묻고, 독주곡을 연주해주었으면 한다고 말을 꺼냈습니다. 그리고 언드라시 시프와 슈베르트를 연탄하고, 슈만의 〈세 개의 로망스〉 Op.94를 저와 함께 연주해주지 않겠냐고 물었죠. 그는 이번에도 고개를 끄덕여주었습니다!

이야기는 이걸로 끝이 아닙니다. 저는 가끔 오케스트라에서 연주와 지휘를 겸하는데, 이 기세로 라두가 무슨 부탁이든 다 들어줄지 모른다는 기대로 그에게 제 꿈에 대해 털어놓았습니다. 그 꿈은 바로 그가 독주를 맡은 모차르트의 걸작, 피아노 협주곡 23번 A장조 K.488을 지휘하는 일이라고요. 그는 긍정적이었습니다. 꿈이 이루어질지도 몰라! 저는 친구이자 루체른 교향악단의 매니저인 누마 비쇼프 울만에게 이야기를 꺼냈습니다. 이 기획을 실현시킬 사람이 있다면 그가 바로 적임자라는 사실을 알고 있었기 때문입니다. 아니나 다를까, 누마가 흥분한 상태로 제게 전화했습니다. "다음 시즌 프로그램에 모차르트 기획을 넣을 수 있네! 아직 세부 사항이 결정되지 않은 공연이 딱 하나 있거든. 라두도 그날은 비어 있다는군!" 날

짜를 들은 저는 울부짖었습니다. "난 그날 위그모어 홀에서 실내악 연주가 잡혀 있어." "존 길홀리에게 전화해서 바꿀 수 없는지 물어봐주게." 누마가 그렇게 간청하더군요. 결국 다행스럽게도 길홀리가 공연 날짜를 바꾸어주었습니다. 다른 협연자 다섯 명도 마침 그날 다 가능하다고 해서 안도했습니다. 분명 그렇게 될 운명이었던 것입니다.

염려스러운 부분은 라두의 컨디션이었습니다. 저의 생일 기념 콘서트는 2018년 12월에 열릴 예정이었습니다. 라두는 2월에 연주회를 한 후, 그 뒤에 예정된 9개월간의 공연을 전부 취소했습니다. 저와 언드라시는 라두가 위그모어 홀의 무대에 서는 일은 없으리라고 생각하며 반쯤 체념했습니다. 라두에게선 아무런 연락도 없었습니다. 그게 좋은 신호인지 나쁜 신호인지는 알 수 없었지요. 본공연 이틀 전까지도 아무 연락이 없자 저도 초조해지기 시작했습니다. 그러는 사이 델리아에게 전화가 왔습니다. "내일 리사이틀은 몇 시까지 가면 되지?" "와주는구나! 못 오나 했는데!" "못 가다니……? 게다가 아무 말도 없이? 그럴 리가!" 그녀는 그렇게 말하더군요. 후에 그녀에게 들은 이야기에 따르면 의사는 라두에게 공연을 취소하기를 권했다고 합니다. 하지만 생일날 저를 실망시키고 싶지 않다며 런던에 와준 것입니다. 공연 전날, 두 사람은 정말로 제 눈앞에

2019년 6월 왼쪽부터 이설리스, 루푸, 누마 비쇼프 울만.

나타났습니다. 저희 집에서 제 아들인 가브리엘과 아들의 여자친구가 델리아를 대접하는 동안, 라두와 저는 리허설을 했습니다. 물론 저는 연주를 맞춰보기 전에 겁이 났습니다. 그러다 곧 라두도 긴장했음을 눈치챘습니다. 물론 그가 긴장했던 건 저와 함께 연주하게 되어서가 아니라 지금껏 거의 연주해본 적이 없는 곡을 연주해야 했기 때문이었습니다. 둘이서 쉬지 않고 연주하고 있을 때, 목 깊숙한 곳에서 치민 듯한 저주의 말 몇 마디가 피아노 쪽에서 들려왔습니다. 저는 하늘을 나는 기분이었습니다. 내가 연주하는 등 뒤에서 그 소리가 들리다니! 이 순간을 마음속에 영원히 간직하고 싶다는 생각이 들더군요. 그 후 라두와 델리아는 저의 생일 전야를 축하해주기 위해 제 여자친구인 조안나까지 초대해 저녁 식사를 대접해주었습니다. 그리고 이튿날 밤, 예정대로 무려 네 시간에 걸친 콘서트가 무사히 진행되었습니다. 프로그램은 풍성했고, 그중 라두와 제가 슈만의 로망스를, 라두와 언드라시가 슈베르트의 론도를 협연했습니다. 라두가 연주한 브람스의 〈세 개의 간주곡〉 Op.117은 상상할 수 없을 만큼 아름다우면서도 비통했습니다(그 외에 이 마라톤 콘서트에 참여해준 사람이 또 있습니다. 제가 동경하는 또 한 사람이자 언드라시의 스승이기도 한 페렌츠 라도스입니다. 그와 라두는 초면이었는데, 두 사람이 교류하는 모습을 지켜보는 건 근사한 경험이었습니다).

그로부터 몇 달 후, 라두는 런던에서 또 한 번 유례없는 명연을 선보였습니다. 그가(그리고 저도) 아주 좋아하는 지휘자 중 하나인 파보 예르비가 지휘하는 필하모니아 관현악단과의 협연이었죠. 베토벤의 피아노 협주곡 4번 G장조였습니다. 라두는 그때도 아름답게 빛나는, 깊고 다정하면서 사려 깊은 연주를 들려주었습니다. 음 하나하나로 이야기를 엮어냈지요. 공연장은 특이한 분위기에 휩싸였습니다. 넋을 놓고 연주에 몰입하는 청중들은 분명히 알고 있었습니다. 라두가 런던에서의 음악 생활에 이별을 고하고 있다는 사실을요. 연주가 끝나자 청중들은 일제히 자리에서 일어나 그를 칭송했습니다.

　그 후로 저는 루체른에서 하게 될 라두와의 협연을 고대했습니다. 하지만 마음은 복잡했습니다. 라두가 그 공연이 공적인 자리에서 하는 마지막 연주가 될 거라고 했기 때문이지요. 그의 '선언'은 저를 슬프게 만들었지만, 한편으로 저는―과장 없이 말해―벌벌 떨고 있었습니다. 만일 지휘자인 나의 실수로 그의 마지막 콘서트를 망쳐서 그를 실망시킨다면? 2월부터 6월 21일―루체른 공연 당일―까지 그의 연주회가 여러 차례 열릴 예정이었습니다. 적어도 그 연주회들이 긍정적인 추억이 되어 그의 마음에 남게 될 거라고 저는 스스로를 타일렀습니다. 그런데 라두가 쓰러졌습니다. 그의 입원 생활은 길어졌고, 런던에서 베토벤을 연주했던 공연 뒤에 잡혀 있던 연주회들이 차례로 취소되었습니다. 라두와 이야기를 나누었는데, 그는 몸 상태가 많이 좋아졌다고 했지만 목소리는 몹시 쇠약했습니다. 그는 마지막 콘서트 두 개만 취소하지 않은 상태였습니다. 오메르 메이어 웰버와의 투어와 루체른에서 열릴 우리의 공연(둘이서 다시 슈만의 로망스를 연주할 예정이었습니다)입니다. 사람들은 라두가 이 두 공연에도 나오지 못하는 게 아니냐며 낙담했습니다. 그러다가 그가 오메르와의 투어를 취소했다는 소식을 들었습니다. 물론 좋은 징조의 뉴스는 아니었습니다. 애초에 라두가 부득이하게 출연을 포기한다고 해서 누가 그를 비난할 수 있을까요? 누마와 저는 대역을 세울 가능성에 대해 논의했지만, 결국엔 그저 기도가 최선의 방책이라는 결론에 도달했습니다. 저는 오케스트라와의 리허설을 위해 본공연 며칠 전에 루체른에 도착했습니다. 협주곡의 짧은 총주 섹션 연습에 한 시간 반이나 들여 빈틈없이 준비했지요. 라두가 나타나줄 경우를 위해서요. 이튿날 소식을 기다렸지만 라두에게선 연락이 없었습니다. 좋은 징조인지 나쁜 징조인지 알 수 없었지요……. 라두와 델리아의 도착 예정일 전날 밤, 누마와 저는 어느 콘서트에 다녀온 후 레스토랑에 와 있었습니다. 침울함에 빠져 있던 저는 델리아에게서 온 착신 기록을 발견했습니다. 그녀가 부재중 전화와 함께 '최대한 빨리 연락을 달라'는 메시지를 남겨둔 것입니다. 바로 전화를 걸었습니다. 심장이 마구 뛰더군요. 누마는 제 등 뒤에서 서성이고 있었지요. 그리고 기쁘게도 이제는 제가 가장 좋아하는 영어 문구가 된 그 말이 귀에 날아들었습니다. "내일 리허설은 몇 시까지 가면 돼?"

두 사람은 정말로 나타났습니다. 우리는 근사한 시간을 보냈고, 이번에도 예정대로 콘서트를 열었습니다. 저는 이 특별한 기회를 맞아 필설로는 다 표현할 수 없는 최고의 기분으로 그와 함께 무대 위를 걸었습니다. 우리의 로망스 연주는 런던 공연 때보다 한층 더 자연스러워진 느낌이었습니다. 모차르트의 협주곡은…… 물론 저는 제가 그의 연주를 방해하지는 않을까, 최악의 경우 그와 엇나가버리진 않을까 하는 걱정에 제정신이 아니었습니다. 제 손이 보내는 신호 같은 건 연주를 정리하는 데 거의 도움이 되지 않는 아마추어 수준이죠. 저 스스로도 잘 알고 있습니다. 그럼에도 이 연주회가 얼마나 중요한지 잘 아는 악단원들은 마치 그들의 목숨이 제 손에 달리기라도 한 듯이 지휘에 응했고, 마치 실내악처럼 라두의 프레이징에 맞추어 연주했습니다. 연주를 하는 라두는 천사 그 자체였습니다. 온화한 천사가 마지막 인사를 고하고 있었습니다. 모든 것이 더없이 자연스럽고 더없이 간결했습니다. 모차르트 연주는 이래야 한다고 느끼게 만드는, 보기 드물게 이상적인 연주였지요. 그리고 마지막에 감동적인 순간이 하나 더 기다리고 있었습니다. 앙코르로 연주했던 브람스입니다. 그리고 막이 내려

갔습니다. 흔한 장내 방송이나 팡파르 같은 것 하나 없이 라두는 그렇게 은퇴했습니다. 델리아는 공연이 끝난 뒤 그에게 물었다고 합니다. 공연 전에 긴장을 했느냐고요. 그는 늘 하듯 이렇게 대답했습니다. "안 했어. 그냥 빨리 끝나길 바랐지!"

언젠가 그는 누군가에게 설득당해 무대로 돌아올지도 모릅니다. 그럴 가능성은 아주 낮다고 생각하지만요……. 무엇보다 그를 억지로 복귀시키려 드는 사람이 과연 있을까요? 우리는 그에게 아주 많이 감사해야 합니다. 늘 변함없이 고결하고 성실하고 심오한 한 음악가가 우리에게 많은 것을 주었으니까요. 무대를 떠난 라두가 오래도록 행복한 인생을 살기를 바랍니다. 그는 사명을 완수했으니까요!

엘리자베스 윌슨[*]

라두 루푸
─모스크바에서 보낸 학생 시절 추억을 더듬으며

모스크바 음악원 학생 기숙사에서의 만남

1964년 9월, 저는 모국인 영국에서 모스크바로 왔습니다. 므스티슬라프 로스트로포비치에게 첼로를 배우기 위해 모스크바 음악원으로 유학을 온 것입니다. 저는 아직 열일곱에 아주 내성적인 성격이었지만, 고향에서 이렇게 멀리 떨어져 혼자 지내는 일이 아무리 힘들더라도 꼭 이 기회를 최대한 살려야 한다고 다짐한 상태였습니다. 첫 몇 개월은 러시아어로 하는 대화에도, 학생 기숙사나 음식에도 적응하기가 힘들었죠. 무

---

[*] Elizabeth Wilson. 작가. 1947년 영국에서 태어났다. 모스크바 음악원에서 로스트로포비치에게 첼로를 배웠다. 1971년 루푸와 결혼했다. 『쇼스타코비치: 시대와 음악 사이에서』((장호연 옮김, 돌베개, 2023)를 비롯해 로스트로포비치, 재클린 뒤프레 등의 전기를 출판했다.

엇보다 반 친구들은 다 빛이 나는 것 같은데 스스로의 첼로 실력은 아주 뒤처진 느낌이라 마음 편할 날이 없었습니다.

말라야 그루진스카야 거리에 있는 모스크바 음악원의 학생 기숙사는 친구를 만들기 좋은 곳이었습니다. 당시에 막 지은 그 건물은 러시아인들에게는 사치스럽다고 평가받았는데, 둘이서 한방을 쓰고 방마다 업라이트 피아노가 있었으며, 침대 두 개와 식사나 공부를 하는 작은 테이블이 있었습니다. 욕실과 주방은 공용이라 불만도 더러 있었지만, 젊은이들은 어떤 환경에든 적응하기 마련이지요! 지하에는 그랜드 피아노가 있는 넓은 연습실도 열여섯 개 정도 있었는데, 높이 난 창문으로는 초라한 중정이 보였습니다. 열기로 가득한 음악원과는 달리, 그곳에선 현실적이고 '흔한' 생활이 영위되었습니다. 학생 기숙사는 꽤 소란스러웠고, 아침 6시부터 한밤중까지 피아노의 굉음이 울려 퍼졌습니다. 창 너머로는 음계를 반음씩 밀어 올리는 고통스러운 목소리가 새어 나왔고, 현악기 연주자들은 끝없이 이어지는 음계와 연습곡 소리로 연습이 시작됨을 알렸습니다. 피아니스트들은 그곳을 제압하듯 더욱 큰 소리를 내면서 비르투오소풍의 낭만파 레퍼토리를 연주했습니다. 그 친구들은 쇼팽, 리스트, 스크랴빈, 라흐마니노프, 프로코피예프 등을 선호했지요. 이런 환경에 적응하기까지는 조금 시간이 걸렸습니다.

어느 날 저녁, 설탕이 떨어져 곤란해하는 제게 룸메이트가 맞은편 방 여학생들에게 얻어 오면 어떻겠냐고 하더군요. 방 문을 노크하려는데 하이든의 런던 교향곡 시리즈 중 한 곡을 연주하는 피아노 소리가 들려왔습니다. 당시 모스크바에서 하이든을 듣는 건 드문 일이었고, 잠깐만 들어봐도 뛰어나다는 걸 알 수 있는 피아니스트가 교향곡 레퍼토리를 연주하는 것도 이례적인 일이었습니다. 방 안으로 초대받아 들어가니 머리칼이 검은 학생이 날카롭게 제 쪽을 흘깃 보더니 장난스러운 눈을 하곤 고개를 돌리더군요. 자못 감동한 '이론가(혹은 음악학자)'인 여학생들에게 둘러싸인 채로 연주를 이어나가면서요. 그는 악보 없이 기억에 의지해서 연주하고 있었습니다. 설탕을 받아 든 후 여기 조금 더 있어도 되냐고 묻지는 못했지만, 이때 일은 제 기억 속에 각인되었습니다. 그 후로 5년간 음악원이나 학생 기숙사에서 하이든의 교향곡을 듣는 일은 두 번 다시 없었던 것으로 기억합니다.

그 피아니스트가 바로 라두 루푸였습니다. 루마니아 출신으로 네이가우스 문하에 있는, 대단히 재능 넘치는 학생이라고 들었습니다. 올라운드 계열 음악가에다 탁월한 악보 해석 능력이 있어서 앞으로 지휘자가 될 거라 평가받고 있었지요. 그가 1966년 밴 클라이번 콩쿠르에서 우승한 후에도 모스크바의 학생들은 그를 피아니스트로서 완전히 존중하진 않았습니다. 그가 우승했던 건 그저 그해에 소련이 콩쿠르에 참가자를 보내지 않았기 때문이라고 생각한 거죠. "우리의 마크 젤처가 나갔다면 분명 1위를 차지했을 텐데." 그들은 그렇게 떠들더군요! 저는 차츰 그런 발언은 신경 쓸 가치도 없다고 생각하게 되었습니다. 확실히 콩쿠르에 열정을 쏟는 타입의 러시아 음악가들은 라두를 이해하지 못했습니다. 어째서 차이콥스키나 라흐마니노프 같은 러시아 음악가의 곡을 연주하지 않고 리스트나 쇼팽마저 피하느냐는 거죠. 그가 강점을 보인 분야는 베토벤, 슈베르트, 브람스 등 위대한 독일 음악의 고전들이었습니다.

저는 곧 라두가 협주곡의 반주자로서 현악기 연주자들에게 아주 신뢰받는다는 사실도 알게 되었습니다. 브람스, 베토벤, 차이콥스키의 바이올린 협주곡 같은 대곡의 레퍼토리를 전부 숙지하고 있었던 거죠. 그뿐만이 아닙니다. 라두는 피아노 반주용 악보에 방해받는 일 없이 자기 자신만의 버전을 외워서 연주했는데, 그 버전은 출판된 악보보다 훨씬 더 훌륭했습니다. 나아가 그는 오케스트라의 울림을 피아노로 환기하는 법을 누구보다 잘 알았습니다.

후에 그의 경력에 대해 더 많이 알게 되었습니다. 당사자에게 직접 이야기를 들었지요! 라두는 루마니아 트란실바니아 지방의 브라쇼브라는 마을 출신으로, 그의 음악적 재능은 일

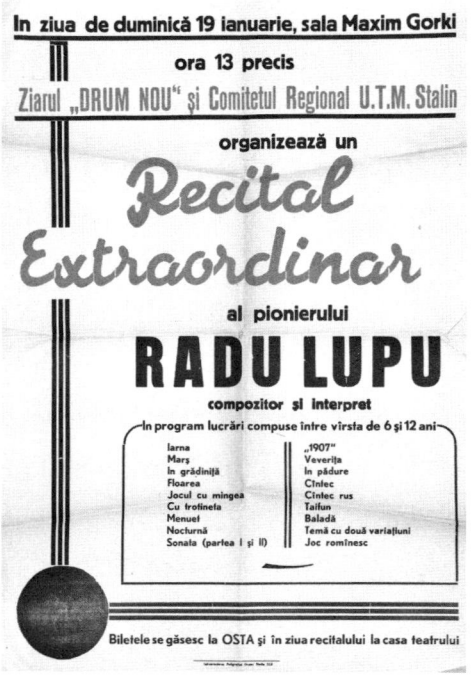

루푸가 6세부터 12세 사이에 작곡한 곡을 연주한
콘서트의 포스터.

찍부터 주목받았습니다. 이른바 작곡 '신동'이었던 것입니다. 그는 자기 초기작 중 하나를 제게 연주해주었습니다. 숲속 다람쥐가 나무 사이에서 뛰노는 모습을 묘사한 음악이었지요.

동유럽권인 루마니아에서 모스크바는 음악의 메카로 선전되었습니다. 라두는 10대 중반일 때 장학금을 받고 모스크바에서 유학했고, 우선은 음악원 입학 준비를 위해 음악 고등학교에서 공부했습니다. 아무리 같은 공산권이라 해도 이런 일을 실현하는 건 결코 쉽지 않습니다. 그의 아버지 모리스 루푸는 변호사였는데, 라두를 위해 브라쇼브와 부쿠레슈티를 몇번이나 오가면서 여러 기관을 찾아다니고, 원서를 작성하고, 소련 대사관에서 비자와 각종 허가를 받으려 애쓰다가 심장발작을 일으키고 말았습니다.

루푸의 은사들

모스크바에 왔을 당시 열여섯이던 라두는 작곡과 피아노를 함께 전공했는데, 다행히 육친처럼 돌봐주는 훌륭한 피아노 선생님에게 배울 수 있었습니다. 갈리나 에기야자로바입니다. 작곡가가 되고자 하는 열정을 빠르게 잃어가던 그에게 피아니스트로서의 자신을 믿을 수 있게 도와준 사람이 바로 그

너입니다. 그녀는 음악원 입학시험 때 라두에게 겐리흐 네이가우스 앞에서 연주하라고 권했습니다. 네이가우스의 온후한 기질, 유럽에 대한 풍부한 지식, 박식하면서도 직감적인 접근법이 그에게 딱 맞으리라고 확신했던 것입니다. 네이가우스의 평판은 당시 최고조에 달한 상태였지요. 무엇보다 리흐테르와 길렐스가 그의 제자였고, 그 외에도 우수한 수상자들이 차고 넘쳤습니다. 그는 교수로서 높이 평가받았고 또 사랑받았습니다. 정규 학생뿐 아니라 '외부생'도 출석하는 네이가우스의 공개 수업은 음악이나 피아노 연주에 대한 생각과 더불어 그의 교양과 문학적 지식을 함께 펼치는 자리가 되었습니다. 그 첫 오디션에서 라두는 오케스트라곡의 피아노 편곡 버전을 몇 곡 연주했다고 들었습니다. 라두는 교향곡 레퍼토리에 일찍부터 매료되었으니 분명 자신 있고 당당하게 연주했겠죠.

라두가 겐리흐 네이가우스를 실질적으로 사사한 기간은 1963년부터 1964년까지 단 1년뿐입니다. 첫 레슨에서 문제가 생겨 몇 달 동안 네이가우스의 클래스에 들어가지 않았기 때문입니다. 그는 리스트의 피아노 협주곡 1번을 준비해 갔고, 동급생인 블라디미르 크라이네프가 제2피아노로 오케스트라 파트를 연주했습니다. 크라이네프가 포르티시모로 연주하기 시작하자 이걸 도발로 받아들인 라두가 더 큰 소리로 받아치고, 이에 크라이네프는 다시 소리를 높이고—이런 식으로 주고받기가 진행된 것입니다. 네이가우스는 늘 말하곤 했습니다. "어째서 이런 패거리를 '피아니스트(피아노 연주자)'라고 부르지? 그들은 '포르티스트(포르테 연주자)'가 아닌가! 그 부분에선 '크레셴도*, 디미누엔도** 연주자'가 되어야 하는데 말이지!" 그러한 일련의 전투 탓에 기세가 한풀 꺾인 라두는 패시지의 끝부분에서 실수를 반복했습니다. "자네에겐 하모니 감각이 없는 것 같군!" 네이가우스는 그를 보며 그렇게 말했습니다. 라두에게 이 말은 최악의 모욕입니다. 그 당시 수업에는 노르웨이에서 온 피아니스트인 리브 글레이저가 있었는데, 네이가우스는 그녀쪽을 돌아보면서 또 이렇게 말했습니다. "이 학생은 뛰어난 재능을 가졌지만 오늘은 좀 집시 같은데!"

라두는 고전 음악에 정통한 학생으로 유명했는데, 그 박식함을 교수들 앞에서 선보여 반 친구들을 기쁘게 한 적도 있습니다. 어느 시험에서 베토벤의 교향곡 3번 '영웅'에 대해 서술하는 문제가 나왔을 때, 라두는 준비된 피아노판 악보를 흘깃 보더니 말했습니다. "아, 이 편곡은 별로 좋지 않아요. 오보에 파트를 놓쳤네요!" 교수도 악보를 보더니 그 말이 맞다고 인정했고, 가장 높은 성적을 주곤 그를 돌려보냈습니다. 아직 1학년

* 점점 세게 연주하라는 뜻.
** 점점 여리게 연주하라는 뜻.

일 때 베토벤의 9번 교향곡 강습에 들어가기도 했는데, 이 교향곡의 주제군을 연주하라는 말에 라두는 4악장 '환희의 송가' 주제를 퉁명스럽게 한 손가락으로 연주했습니다. 교수는 격노했지요. "루푸 동지, 그 태도는 뭔가? 지금 당장 이 곡의 영웅적인 주제를 전부 연주하도록!" 라두는 "잠시 기다려주시죠" 하고 대답했습니다. "지금 떠올려볼 테니까요." 라두는 피아노 앞에 앉아 교향곡 9번 1악장의 제시부*를 통째로 연주하더니, 막바지에 치달아 주제가 회귀하는 부분에 이르자 "아아, 이거였네요. 생각났어요"라고 말했습니다. 교수는 곤혹스러워하면서도 라두가 이 작품을 숙지하고 있다는 사실을 부정하지 못했습니다.

겐리흐 네이가우스는 1964년 10월에 세상을 떠났고, 라두는 스타니슬라프 네이가우스의 클래스로 옮겼습니다. 스타니슬라프(애칭 스타식)는 겐리흐의 아들로 원래 그의 조수였습니다. 가끔 특이한 면모를 보이긴 했지만 대단한 피아니스트였지요. 그의 배경도 평범하지는 않았는데, 어렸을 때 부모님이 별거를 했고 어머니 지나이다 니콜라예브나는 시인 보리스 파스테르나크와 재혼했습니다. 스타식은 훌륭한 계부가 되어준 그

---

* 악곡에서 주제 또는 주제를 대신할 중요한 소재를 제시하는 부분. 악곡의 주된 악상을 나타내며 주제 설정부라고도 한다.

시인과 아주 친밀한 사이가 되었습니다. 파스테르나크는 스크랴빈의 영향으로 피아니스트 겸 작곡가가 되는 걸 진지하게 고민했던 적이 있었습니다. 스무 살 때 그는 결국 그 꿈을 단념하고 철학 공부를 위해 독일 마르부르크로 유학을 떠났지요. 파스테르나크는 1950년대에 마리아 유디나와 함께 했던 피아노 연탄으로도 유명한데, 그는 스타식이 피아노 연습을 할 때 문 너머에서 감상하는 걸 굉장히 좋아했고, 특히 그의 쇼팽과 스크랴빈 연주를 좋아했습니다. 스타식은 장신의 호리호리한 체형에 세련된 매너를 갖추었고, 사자 갈기 같은 백발(파스테르나크가 죽고 나서 하룻밤 새 백발이 되었다는 소문이 있었습니다)을 길러 그야말로 엘레강스한 예술가의 전형으로 여겨졌습니다. 하지만 가르칠 때는 흉포해지거나 완고해지기도 했고, 그가 요구하는 것을 학생들이 해내거나 아니면 울면서 도망칠 때까지 마구 호통을 치는 일도 있었습니다. 공평하게 말하자면, 그는 자기 자신에게도 완전히 똑같은 자세로 임했고, 아무리 훌륭한 연주를 해도 스스로 만족하는 일은 드물었습니다. 그는 모든 학생들을 'Ty(자네)'가 아니라 'Vy(당신)'라고 늘 예의 바르게 불렀는데, 이 경칭은 교수로서 학생에게 보여주는 따뜻한 우정의 증표이기도 했습니다. 라두는 그를 훌륭한 사람이라고 칭송하게 되었습니다.

　스타니슬라프에게는 완고한 면이 있었는데, 아마 그래서 라두와 잘 맞았는지도 모릅니다. 음악적으로는 논쟁을 벌이는 일이 종종 있었음에도 그들은 '동의하지 않는 것으로 합의하는' 법을 차차 배워갔습니다. 라두가 무언가를 확신할 땐 그 누구도 절대 그의 생각을 바꿀 수 없었던 거죠. 라두가 음악원을 잠시 떠나서 국제 콩쿠르에 참가함으로써 루마니아 국민의 한 사람으로 자립할 수 있게 되자 스타식의 태도는 완전히 부드러워졌습니다. 소련에 비하면 루마니아의 정치적 통제는 아직 그렇게 엄격하진 않았지만, 그래도 폐쇄적인 나라에 속하는 경찰국가이긴 했습니다. 그럼에도 라두는 예술 분야에서 가장 유망한 국가적 인재로 인정받았던 듯합니다. 루마니아 문화 당국에서 빈과 텍사스주 포트워스에서 열리는 두 개의 콩쿠르에 라두를 파견한 걸 보면요! 소련에서 피아노 콩쿠르에 참가하는 후보자들은 매우 엄격한 선발 과정을 통과해야만 했고, 그 과정엔 정치 역시 중요한 역할을 했습니다. 실제로 소련이 마지막까지 고심한 끝에 밴 클라이번 콩쿠르에 참가자를 보내지 않기로 결정한 건 정치적인 이유 때문이었습니다. 라두는 카네기 홀 리사이틀을 포함한 콘서트 활동을 1년간 소화한 후, 1967년 가을에 학업을 위해 모스크바로 돌아가기로 결심했습니다. 1966년 텍사스에서 열린 밴 클라이번 콩쿠르, 1967년 부쿠레슈티에서 열린 제오르제 에네스쿠 콩쿠르 우승을 포함해, 이제 그에겐 세 개의 수상 이력이 있었습니다. 스타식은 라두가 콘서트 커리어를 서두르지 않고 모스크바 음악원을 수료하기를 선택했다는 사실에 기뻐했고, 최대한의 경의를 담아 그를 대하기 시작했습니다. 그러면서 두 사람은 단단한 우정의 고리로 묶이게 되었지요. 라두는 자진해서 정기적으로 레슨에 나갔고, 네이가우스와 대등한 입장에서 토론을 즐기게 되었습니다. 그들은 함께 연탄곡을 연주하곤 했습니다.

학창 시절의 연습 풍경

라두와 저는 1967년 늦가을에 가까워졌습니다. 저를 여자 친구 자격으로 모스크바의 루마니아 대사관에서 열린 콘서트에 초대해준 것입니다. 저는 그때까지 그의 콘서트 연주를 들어본 적이 없었습니다. 그가 피아노 앞에서 '어슬렁어슬렁 서성이거나' 레퍼토리를 살짝 연습하거나 연주로 사람들을 즐겁게 만드는 걸 아주 좋아한다는 건 알고 있었지만요. 그 '서성거리는 법'은 꽤 인상적이었습니다. 그가 프로코피예프의 훌륭한 피아노 협주곡인 2번을 연주해주었던 게 기억 납니다. 밴 클라이번 콩쿠르에서도 이 곡의 1악장을 연주했지요.

아무튼 라두는 루마니아 대사관의 근사한 홀에서 슈베르트 프로그램을 선보였습니다. 〈즉흥곡〉 D.899, 그리고 잊을 수 없는 연주였던 3악장 소나타—14번 A단조 D.784—도 선보였죠.

저는 피아노 곡을 아주 좋아해서 루빈스타인, 미켈란젤리, 길렐스, 밴 클라이번 같은 위대한 피아니스트가 모스크바에서 리사이틀을 열면 반드시 갔고, 특히 당시 좋아했던 리흐테르의 리사이틀은 절대 놓치지 않도록 애썼습니다. 그럼에도 저는 라두의 연주에 생각지도 못한 감명을 받았고, 그러고는 그저 멍하니 충격에 빠졌습니다. 이제껏 그런 연주를 들어본 적이 없었던 겁니다. 라두는 물론 아름다운 소리와 당당한 다이내믹 레인지*를 가진 탁월한 피아니스트였습니다. 하지만 중요한 건 그게 아닙니다. 라두의 연주는 서정적이고 기쁨으로 충만한 동시에 비극적이어서, 슈베르트의 사적인 세계와 진심으로 절실하고 정열적으로 교류하는 듯한, 그야말로 음악이 만들어지는 과정을 그 근원부터 체험하는 듯한 느낌을 강하게 받게 됩니다. 제가 그때까지 접했던 음악가 중에 그런 자질을 가진 사람은 재클린 뒤프레뿐이었습니다. 초기에 느껴지는 충동과 이후 실행되는 음악 사이에 경계가 없고, 마치 악기 같은 건 개의치 않는 것처럼 보이지요. 그런 음악가들은 많은 사람에게 소리를 명확하게 전달하는 건 물론, 그걸 넘어 듣는 사람을 극도로 친밀하고 고요한 세계로 인도합니다. 저는 그때 말문이 막혀 제가 느낀 모든 감정을 라두에게 하나도 전할 수 없

* 한 음량에서 가장 작은 소리와 가장 큰 소리의 차이를 일컬어 부르는 말.

었습니다. 순식간에 평생의 팬이 된 것입니다.

정말 이상한 일인데, 라두는 연습을 거의 하지 않는 것처럼 보였습니다. 저는 몇 시간이고 첼로 연습을 하면서 여러 허들을 뛰어넘기 위해 필사적으로 달려들었습니다. 그는 분명 제가 시간을 낭비한다고 생각했겠지만, 그럼에도 프레이징을 만드는 법을 참을성 있게 설명해주었습니다. 그가 제게 가르쳐주려고 한 가장 중요한 부분은 '올바르게 듣기 위해서 어떻게 해야 하는지'에 관한 것이었습니다. "머릿속에 들리는 걸 연주하기만 하면 돼!" 그는 늘 그렇게 말했어요. 제 경우에는 의심과 콤플렉스가 저를 방해했고, 거기다 재능이라는 커다란 문제도 있었습니다. 제가 이 사실을 깨달은 건 어느 날 제 방에 있던 라두가 제게 잠시만 조용히 해달라고 했을 때입니다. 한 시간 정도 조용히 앉아 있다가 갑자기 벌떡 일어서더니 "다 됐다, 끝났어!"라고 하더군요. "뭐가 끝났는데?" 저는 물었습니다. "브람스 피아노 협주곡 1번을 다 배웠어!" 그에게 그런 의도가 있었다는 건 전혀 몰랐습니다. 그 곡을 연습하는 모습을 한 번도 보지 못했으니까요. 그런 다음 그는 방에 있는 지극히 평범한 업라이트 피아노 앞에 앉아서 그 협주곡을 전부 연주했습니다. 정말로 훌륭한 소리가 났어요. 개인적으로 그의 브람스 1번 해석은 지금까지도 그의 협주곡 레퍼토리 중 최고라고 생각합니

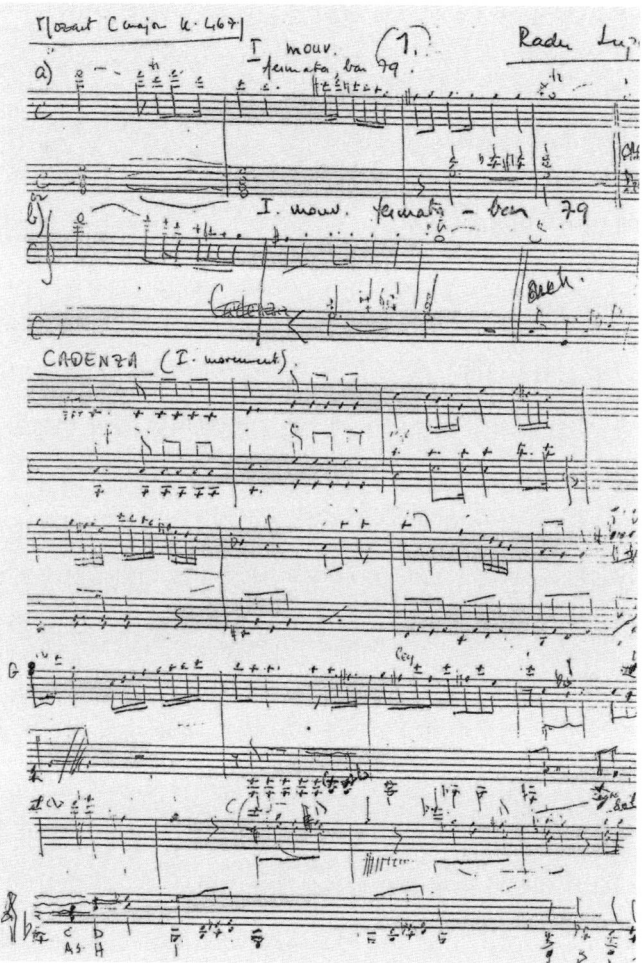

모차르트 피아노 협주곡 21번 K.467을 위한 라두의 자작 카덴차 자필 악보.

다. 라두가 적어도 악보를 보며 작업을 했던 건 확실합니다. 마찬가지로 그가 모차르트의 피아노 협주곡 24번 C단조 K.491에 넣을 훌륭한 카덴차를 만들었을 때의 일도 기억에 남아 있어요. 그 작업의 대부분은 악기를 만지는 일 없이 그의 머릿속에서 이루어졌습니다.

저는 라두가 그 외에도 많은 작품을 공부하는 모습을 볼 수 있게 되었습니다. 그도 가끔은 연습에 의지해야 할 때가 있었던 거죠! 예컨대 쇼팽의 스케르초 2번, 그리고 특히 버르토크의 조곡 〈문밖에서〉 같은 곡이 그랬습니다. 그중에서도 제4곡인 '밤의 음악'과 씨름할 땐 그가 가진 상상력을 총동원해야 했습니다. 어둠의 장막 아래서 우는 벌레들과 이리저리 돌아다니는 동물들의 소우주적 세계의 성격에 어울리는 마법 같은 밤의 소리를 효과적으로 만들어내야 했으니까요. 그 믿기 힘들 정도로 초현실적이고 즉흥적인 효과 덕에 마치 시간이 멈춘 듯한 느낌을 받았지요. 갑자기 합창곡이 비집고 들어오는 부분은 구로사와 아키라의 영화 〈꿈〉 중의 한 편인 '여우비' 속 여우가 시집가는 행렬의 초현실적인 정경을 떠올리게 합니다. 마지막 곡인 '사냥'은 포르테로 연주하는 왼손의 오스티나토* 음형이 난관인데, 곡의 구성을 신중하게 배려하여 지속력 있게 조직할 필요가 있습니다. 라두의 말에 따르면, 오른손의 재빠른 분산 화음은 사냥감에게 다가가는 개 무리의 울음소리를 연상시킨다고 합니다. 그의 해석은 버르토크의 음악 세계를 더없이 완벽하게 구현한 듯했습니다. 그는 작품 제목에 근거해, 나아가 그것을 뛰어넘어 수많은 것들을 연상하게 만들었죠. 안드레(안제이) 차이코프스키의 연주가 더 명시적이고 빛이 나는 느낌이 들긴 했지만, 라두의 연주는 좋은 의미로 그 연주에 견줄 만한 유일한 연주였습니다(물론 피아니스트로서의 의견은 아니지만요!).

실내악을 즐기다

모스크바 음악원에서는 모든 학생이 필수로 실내악 연주를 해야 했는데, 라두에게 그건 물론 커다란 즐거움일 뿐이었습니다. 저의 반 친구인 빅토리아 야글링은 베토벤의 첼로 소나타 3번 A장조를 라두와 협연한 후, 그보다 뛰어난 실내악 주자는 상상도 할 수 없다고 하더군요. 라두는 1967년 이후 미샤 마이스키와 듀오를 결성해 프랑크의 소나타를 배우기 시작했습니다. 스승인 야코프 밀스타인은 그들을 교내 콘서트의 출연

---

* 어떤 일정한 음형을 악곡이나 악절 전체에 걸쳐 동일한 성부에서 동일한 음높이로 되풀이하는 수법을 뜻한다.

자 명단에 등록했지만, 시간 관계상 첫 두 악장만 연주해야 한다고 통보했습니다. 왜 전곡이 아니냐고 미샤와 라두는 격노했고, 결국 밀스타인과 청중에게 알리지 않은 채 무슨 일이 있어도 4악장 전부를 연주하기로 결심했지요. 라두는 마지막 상행 패시지를 기세 넘치고 화려하게 연주하며 2악장을 훌륭하게 마무리 지었습니다. 그 후 건반을 떠난 그의 손은 그대로 허공을 지나 왼쪽으로 이동했고, 체중을 실은 채 3악장 첫머리 화음으로 활강했습니다. 그 일련의 동작이 몹시 명확하고도 자연스럽게 이루어져서 연주는 계속 이어질 수밖에 없었습니다. 저처럼 사정을 아는 지인들은 웃음을 참기가 힘들었지요.

실내악의 현악 레퍼토리는 라두보다 제가 더 잘 아는 분야였습니다. 그는 브람스와 베토벤의 교향곡을 얼마나 아는지 테스트하는 걸 좋아했는데, 저는 대체로 대답하지 못했습니다. 그러나 현악 4중주나 6중주곡은 그가 불리했지요. 우리는 함께 콘서트에 다녔습니다. 제가 거의 우상처럼 숭배하던 리흐테르에 대해 라두는 양가적인 태도를 취했습니다. 어떤 레퍼토리에 대해서는 딱딱하고 상상력이 부족하다고 했죠. 예컨대 슈베르트의 소나타에서 느린 템포를 엄격하게 유지하려다 보니 축어적 즐거움이 떨어지는 표현을 한다고 평가했습니다. 그러면서도 리흐테르를 위대한 피아니스트라고 인정했고, 몇몇 콘서트에 가서 즐기기도 했습니다. 특히 리흐테르가 슈만의 〈다채로운 소품들〉과 무소륵스키의 〈전람회의 그림〉을 연주했던 그 대단한 콘서트는 생생히 기억납니다. 우리 둘 다 그토록 경이로운 슈만 연주를 들은 건 난생처음이라 해도 과언이 아닐 겁니다. 저는 종종 소형 카세트 녹음기로 연주를 녹음했는데, 후에 콘서트의 기억을 떠올리거나 곡에 대해 더 자세히 알기 위해 음질 나쁜 그 녹음을 듣곤 했습니다. 그렇게 저는 리흐테르의 〈다채로운 소품들〉을 수십 번 넘게 들었습니다. 라두는 녹음된 음악을 LP로 듣는 것을 아주 좋아했습니다. 당시에는 구입할 수 있는 레코드의 선택지가 한정되어 있어서, 모스크바에서 LP라고 하면 보통 멜로디야(편집자 주: 러시아 국영 레코드 레이블)의 녹음을 의미했습니다(원하는 레코드는 대부분 빠르게 품절되곤 했습니다). 또 서유럽의 오래된 녹음을 복원하여 재발매한 것도 조금 있었습니다. 그렇게 우리는 푸르트뱅글러가 지휘한 브람스 교향곡 4번의 역사적인 라이브 레코딩, 그리고 브루노 발터가 지휘한 모차르트의 교향곡집을 들었습니다. 후자의 경우 리허설 녹음까지 남아 있었는데, 그 녹음에서 발터가 오보에 연주자인 블룸과 대화를 나누더군요! 더 최근 것 중에는 루돌프 바르샤이가 세심하게 조직한 모스크바 실내관현악단을 직접 지휘해서 화제를 모았던 모차르트 녹음도 있었습니다. 가끔 동독의 녹음을 입수하기도 했는데, 우리가 좋아했던 건 텔레만의 오페라 〈핌피노네〉였습니다. 익살스러운 대본의 희극으로, 독일판 오페라부파*지요. 저는 제가 좋아하는 레코드를 그에게 들려주었습니다. 피터 피어스와 벤저민 브리튼이 연주한 슈베르트의 〈겨울 나그네〉였지요. 브리튼은 작곡가인 동시에 대단한 피아니스트로, 슈베르트를 가장 섬세하게 이해하는 인물이었습니다. 라두도 바로 그 연주에 홀딱 반했지요. 후에 올드버러 음악제에 초대되어 스네이프에 있는 아름다운 몰팅 홀에서 연주했을 때, 라두는 바로 그 작곡가에게 인정을 받았습니다. 브리튼은 라두의 슈베르트 피아노 소나타 21번 B플랫장조 D.960 연주에 깊은 감명을 받았고, 또 그 자신도 아주 좋아했던 하이든의 〈안단테와 변주곡〉 F단조의 해석을 특히 높게 평가했습니다. 리즈 피아노 콩쿠르의 공동 창설자인 매리언 헤어우드(훗날의 매리언 소프)의 자택이 올드버러 근방에 있었는데, 우리는 거기서 묵었습니다. 그녀의 집에서 저녁 식사를 마친 후 라두는 장난스러운 미소를 띠고 피아노 앞에 앉더니 그날 연주했던 슈베르트 소나타의 몹시 비극적인 2악장으로 하바네라**를 연주해 모두를 즐겁게 해주었습니다. 신성한 것을 모독적인 것으로, 숭고한 것을 우스꽝

---

* 희곡 오페라의 한 양식으로 노래 외에 대사와 경쾌한 음악을 수반하는 희극적이고 익살스러운 내용의 가극이다.

** 쿠바에서 생겨나 에스파냐에서 유행한 2박자의 경쾌한 무용 음악.

스러운 것으로 바꾸어서요!

정치적인 시대 속에서

1968년 여름, 소련군이 체코슬로바키아를 침공해 이른바 '프라하의 봄'을 강제로 끝내버린 사건은 우리의 인생관을 완전히 바꾸어놓았습니다. 동유럽의 모든 위성국에겐 끔찍한 타격이었지요. 루마니아의 차우셰스쿠 대통령은 동유럽권에서 유일하게 시위 진압에 참가하기를 거부한 지도자로, 이 일로 당시 서유럽에서 존경을 얻었습니다. 공산주의 체제에서 민주화를 꾀한 체코의 평화적인 의사 표시에 대한 무력행사는 공산권 젊은이들을 낙담시키기에 충분했습니다. 라두를 비롯한 많은 루마니아인은 그 일이 자신들의 생활에 어떤 영향을 줄지 상황을 지켜봐야 하는 입장이 되었죠.

영국에서는 많은 대중이 체코인을 지지했습니다. 런던과 에든버러에서는 소련 예술가나 오케스트라가 연주하는 콘서트홀 밖에서 분노의 시위가 열리곤 했죠. 저도 그 광경을 목격했습니다. 로스트로포비치는 침공 뉴스가 전해진 바로 그날 밤 BBC 프롬스*에서 소련 오케스트라와 함께 드보르자크의 첼로 협주곡을 연주할 예정이었습니다. 로열 앨버트 홀에서는 호전적인 시위대가 소련군의 철수를 요구하며 소리치고 있었지만, 로스트로포비치가 무대에 오르자 모두 조용해졌습니다. 그는 런던에서 그만큼 존경받았던 것입니다. 로스트로포비치는 눈물로 두 뺨을 적시며 연주했습니다.

소련의 행동에 대한 영국 매스컴의 반응이 무척 비판적이었기 때문에, 영국은 소련의 제1순위 적대국으로 떠올랐습니다. 마침 그때 제 아버지가 주 소련 영국 대사에 임명되었지요. 1968년 9월, 아버지는 어머니와 함께 모스크바에 도착했습니다. 러시아인 친구들과 라두가 어떤 태도를 보일지, 저는 그게 걱정이었습니다. 아버지가 외교관이라는 사실을 더는 감출 수 없게 되었으니까요. 저는 이미 모스크바에서 4년을 지냈고, 아주 '평범'한 학생으로 받아들여졌다고 느끼고 있었습니다. (서유럽 인간이라는 이유로 특별 취급을 받긴 했지만요.) 다행히 부모님이 소련으로 온 후로도 제 생활에는 거의 변함이 없었고, 저는 계속 음악원의 학생 기숙사에서 살았습니다. 아버지는 아주 박식한 음악 애호가였고 정기적으로 콘서트에 다녔습니다. 제 부모님은 음악을 전공하는 학생들이 영국 대사관에 와서 식사하고 편히 쉬는 것을 좋아했습니다. 그러나 학생들이 '타락한 자본주의'의 요새인 영국 대사관에 방문하는 모습을 소

---

* BBC가 주최하는 영국의 대표적인 음악 축제로, 매년 7월에서 9월까지 열리는 90여 개의 콘서트 시리즈.

련의 모든 시민이 좋아하지는 않았습니다. 라두는 이런 시선을 전혀 신경 쓰지 않았고, 심지어 크렘린에서 강 하나만 건너면 되는 일등지에 위치한 대사관 공저에서 3중주 콘서트를 열자는 제안도 수락했습니다. 바이올리니스트는 오스트리아인으로 당시 오이스트라흐를 사사하던 페터 구트였고, 첼리스트는 저였습니다. 모차르트의 피아노 3중주[4번] E장조와 베토벤의 피아노 3중주 3번 C단조 Op.1-3을 연주했지요. 라두는 이듬해 '빈 3중주단'에 참여해 오스트리아에서 몇 차례 콘서트를 열 예정이었습니다. 이 3중주단은 바이올리니스트인 페터 구트, 첼리스트인 하이디 리츠하우어, 그리고 라두로 이루어져 있었습니다. 라두는 아직 젊었지만 이미 무척 명성이 높았던 이 3중주단을 막 떠난 루돌프 부흐빈더의 대역이었죠. 어쩌면 라두는 이 3중주단의 피아니스트로 남을 수도 있었겠지만, 상황은 그렇게 흘러가지 않았습니다.

〈랩소디 인 블루〉 뒷이야기

또 한 번 영국인 피아니스트 존 오그던이 모스크바에 연주를 하러 왔습니다. 그는 1962년 차이콥스키 콩쿠르에서 블라디미르 아슈케나지와 공동 1위를 했고, 소련에서도 자주 연주를 했습니다. 이 공연 때 제 부모님이 그를 게스트로 초대해서 모스크바 리사이틀 후에 파티를 열게 되었습니다. 존이 모스크바의 젊은 음악가들과 만날 수 있도록 친구들을 몇 명 데리고 오면 좋겠다고 부모님께 부탁을 받았지요. 일은 차질 없이 진행되었고, 저녁 식사 후 학생들은 오그던을 위해 기꺼이 연주를 했습니다. 라두는 1962년 차이콥스키 콩쿠르에서 오그던이 리스트의 피아노 협주곡[1번]을 연주했을 때 몹시 감명받았던 기억을 떠올렸습니다. 그도 그럴 것이, 존은 아르페지오 패시지가 한창 이어지던 중 안경이 코에서 미끄러져 내리자 한 손으로 안경을 추켜올렸는데, 그러면서도 음을 하나도 놓치는 일 없이 연주했었거든요. 어쨌든 그날 밤엔 많은 일이 있었습니다. 바이올리니스트인 그리고리 지슬린이 생상스의 〈서주와 론도 카프리치오소〉를 훌륭하게 연주했고, 라두는 평소대로 악보 없이 반주를 했습니다. 그 외에도 많은 곡을 연주했지요! 잠시 후 오그던이 답례를 하고 싶다며 피아노 앞에 앉더니 거슈윈의 〈랩소디 인 블루〉를 연주했습니다. 그때 뒤에서 라두가 큰 소리로 말하더군요. "피아노가 한 대 더 없는 게 아쉽네요. 오케스트라의 반주 파트를 연주해드릴 수 있었을 텐데!"라고요. 그의 열정에 압도된 제 어머니가 아래층에 있는 대사관 예배당에 작은 그랜드 피아노가 있다고 말했습니다. 제 친구인 학생들과 대사관 직원들의 도움으로 피아노는 정교하게 조각된 널따란 목제 계단을 올랐고, 위층 연회장으로 어찌어찌

옮겨졌습니다. 오그던과 라두는 피아노 두 대로―조율 생각을 하면 참 아쉽습니다!―〈랩소디 인 블루〉를 다시 연주했습니다. 연주가 끝난 후 존은 조용하고 소극적인 목소리로 말했습니다. "자네와 내가 같은 파트를 기억하고 있었던 건 아쉬운데, 라두!"라고요. 모두 웃음을 터뜨렸지요! 후에 우리는 런던에서 존과 그의 아내인 브렌다를 방문했습니다. 그는 유쾌한 사람이었고, 뛰어난 재능의 소유자임에도 아주 겸손했습니다. 어떤 곡이든 한 번 보면 전체상을 파악했고 작곡에도 뛰어났지요. 영국에서 불레즈의 피아노 소나타 2번의 악보를 입수할 수 있게 되었을 때, 그는 그 악보를 보자마자 별다른 어려움 없이 곧바로 연주했다고 합니다.

와인, 말놀이, 체스, 트럼프를 즐기다

라두는 1968년부터 1969년에 걸쳐 음악원에서의 마지막 해를 보내고 6월에 졸업할 예정이었습니다. 스타니슬라프 네이가우스는 모스크바 음악원의 표준적인 연습과 마찬가지로 공개 연주 역시 학생 교육에 꼭 필요하다는 신념이 있었고, 그 신념하에 음악원의 아름다운 소강당에서 정기적으로 클래스 콘서트를 개최하곤 했습니다. 또 같은 목적으로 트빌리시에서도 클래스 콘서트를 주최했지요. 겐리흐 네이가우스의 아들이자

1968~1969년경 모스크바 근교 페레델키노에서. 스타니슬라프
네이가우스(왼쪽에서 다섯 번째), 루푸(왼쪽에서 네 번째), 다비드
게링가스(왼쪽에서 두 번째), 타티아나 샤츠(왼쪽 끝), 블라디미르
크라이네프(중앙에서 허리를 구부리고 있음).

보리스 파스테르나크의 의붓아들이었던 그는 트빌리시에도 연고가 많았던 것입니다. 그루지야(현 조지아) 사람들은 스타식의 제자들을 따뜻하게 반겨주었고, 라두는 맛있는 식사와 와인은 물론이고 그들의 진심 어린 환대를 무척 즐겼습니다. 그 시절 우리는 몇 번이나 모스크바 교외의 작가 마을인 페레델키노로 가서 스타식을 방문했습니다. 그는 의붓아버지인 파스테르나크의 저택에서 배다른 남동생인 레오니트 파스테르나크와 그의 아내, 어린 딸과 함께 살고 있었지요.

음악이 있고, 숲속 산책이 있고, 입구 근처에 놓인 기다란 테이블 가득 맛있는 저녁 식사가 늘 준비되어 있었습니다. 졸업생들도 종종 방문해 주방에서 요리 준비를 도왔습니다. 겨울엔 말놀이나 제스처 게임(단어 맞히기)도 했습니다. 거기서 누구를 만나게 될지는 예상할 수 없었습니다. 시인이나 음악가가 그 집 단골손님이었으니까요. 제가 기억하는 건 새해에 시인 벨라 아흐마둘리나(예전에 예브게니 옙투셴코의 부인이었던 사람입니다)가 옙투셴코의 현재 부인과 테이블을 사이에 두고 앉은 채 하룻밤 내내 문제의 시인이 나타나기를 기다렸던 일입니다. 아무래도 그는 새해를 맞아 동료 작가들과 밤새 술을 마시는 중인 듯했습니다.

라두를 고지식한 학구파라고 생각하는 건 잘못되었습니다. 그는 굉장히 유머 감각이 있는 사람으로 늘 눈을 반짝였고, 진지한 표정을 하는 일은 드물었습니다. 음악의 내면적 세계에서 살았던 것은 사실이지만, 한편으로는 축구를 하거나 체스를 비롯한 다양한 게임을 즐기기도 했고, 또 친구들과 빈둥거리며 지내는 것을 좋아했습니다. 음악원에 막 입학했을 무렵 라두가 다른 피아니스트 친구들과 축구를 했을 때의 일인데, 골키퍼였던 라두는 강하게 날아오는 슛을 양손으로 막아내야만 했습니다. 그의 오른손이 강한 충격을 받아 중지가 골절되었다는 사실이 나중에 밝혀졌지요. 놀랍게도 손가락은 알아서 회복되었습니다. 체스 이야기를 하자면, 라두는 미샤 마이스키와 자주 대전을 했는데 거의 매번 미샤가 이겼습니다. 프로 뺨치는 실력을 가진 미샤는 라트비아의 주니어 체스 챔피언 팀의 선수 후보로 오른 적도 있었습니다. 그는 체스 책을 읽고 있는 라두에게 말했습니다. "자네는 꼭 음악학자 같군. 이론은 많이 알지만 실전에선 실력이 별로니까!" 라두는 트럼프도 좋아해서 '두라크'(러시아어로 '바보'라는 뜻)나 포커 같은 게임을 곧잘 했습니다. 후에 우리는 런던에서 브리지를 하게 되었고, 여러 친구들과 맞붙었지요. 스코틀랜드에서는 제 부모님과 함께 브리지를 해서 연달아 세 번 슬램(편집자 주: 보너스 점수를 획득해서 게임에서 이기는 일)을 달성한 적도 있었습니다!

미샤 마이스키와의 우정

그러는 사이 라두는 졸업 시험 준비에 돌입했습니다. 피아노 최종 시험에서 그가 어떤 곡을 연주했는지 정확하게 기억나지 않는 걸로 봐서는, 어쩌면 시험을 면제받았는지도 모릅니다. 실내악 시험에서는 미샤 마이스키와 함께 베토벤의 첼로 소나타 다섯 곡 전곡을 골랐는데, 이 연주를 들었을 땐 정말로 깊은 감명을 받았습니다. 미샤는 그의 고향인 라트비아의 리가에서 베토벤의 첼로 소나타 전곡을 연주할 기회를 마련했습니다. 미샤의 폴란드인 여자친구이자 첼리스트인 보구밀라와 함께였고, 저도 동행했지요. 리가의 아름다운 필하모니 홀에서 이루어진 연주는 굉장했습니다. 우리는 미샤의 가족과 친해졌습니다. 그의 어머니 릴리는 훌륭한 분이었고, 그의 형 발레리는 재능이 탁월한 음악학자이자 오르간 연주자로 바흐에 정통했습니다. 연속 연주회가 끝난 후 우리는 동네를 안내받았고, 그런 다음 리가 교외 해안가에 있는 휴양지에 갔습니다. 아주 아담한 교회도 방문했는데, 발레리가 거기 있는 작은 파이프 오르간으로 바흐의 코랄 전주곡을 연주해주었던 일은 특히 강렬하게 기억에 남았습니다. 마법 같은 경험이었지요. 트럭 운전수인 미샤의 친척이 소련 공산군 부대에 징용되어 체코슬로바키아 침공에 참가하게 된 이야기를 들려주었던 것도 선명하게 기억이 납니다. 침공 열흘 정도 전에 누군가 길에서 그의 트럭을 세우더니 짐을 싣고 서쪽으로 옮기라고 지시한 것입니다. 목적지도 모르고서, 걱정하는 가족에게 알리지도 못한 채로요.

1970년 여름, 라두가 음악원을 졸업한 후의 일인데, 미샤가 '투기投機' 혐의로 모스크바에서 체포당했습니다. 외국 동전을 소지하고 있었는데, 그게 당시 불법 화폐였던 것입니다. 우리는 그가 카세트 녹음기 구입을 위해 '달러'를 샀다는 사실을 알고 있었고, 그건 그가 첼로 활을 사는 데 꼭 필요한 돈이기도 했습니다. 행상인은 루블을 싫어했으니까요. 그도 그럴 것이 가치를 거의 다 잃은 이 자국 통화로 물건을 사는 사람은 지극히 드물었습니다. 다비드 게링가스처럼 용감한 학생 몇몇이 미샤를 위해 재판에서 증언했습니다. 그즈음 모스크바 음악원의 교수로 일하던 나탈리아 구트만도 그중 하나였지요. 그녀는 미샤를 옹호하기 위한 시위를 계획했지만 뜻대로 되지 않았고, 교수들 대부분은 그 일에 얽히기를 일절 거부했습니다. 미샤는 모스크바의 악명 높은 부티르키 교도소에 6개월간 수감된 후, 고리키 근교에 있는 공장에 노동자로 보내졌습니다. 〈프라우다〉(편집자 주: 소련의 기관지)의 용지를 제조하는 공장이지요. 그가 손이나 정신에 상처를 입지는 않을까 걱정이었습니다. 고리키 관현악단의 지휘자였던 구스만은 로스트로포비치에게 부탁해 공장 노동자들의 음악 모임을 미샤가 이끌 수 있도록 조처했습니다. 그의 손을 지키기 위한 최선책이었지요. 그때부터는 음악 자료를 찾기 위한 모스크바 방문도 허용되어서, 저는 기회를 틈타 그와 만날 수 있었습니다.

1970년대 중반, 라두는 런던에서 미샤와 다시 협연을 했습니다. 미샤는 이미 형기를 마치고 이스라엘로 이주한 상태였고, 그레고르 퍄티고르스키를 사사하기 위해 로스엔젤레스에서 몇 달을 지낸 후였습니다. 퀸 엘리자베스 홀에서 열린 그들의 리사이틀은 완벽하게 성공적이지는 않았습니다. 그들은 리허설 시간의 대부분을 슈베르트의 아르페지오네 소나타에 할애했습니다. 며칠이 걸리든 첼로의 첫 프레이즈를 자기가 원하는 느낌으로 만들고자 했던 라두의 고집 때문이지요. 이 곡 다음으로 그들은 브람스의 첼로 소나타 1번 E단조를 훌륭하게 연주했습니다. 저는 이 곡의 피아노 파트가 이토록 아름답게 연주되어 폴리포닉*한 성부를 돋보이게 만드는 순간을 그 전에도 후에도 결코 본 적이 없습니다. 연주회 후반엔 프랑크의

* 음악의 선율 유형을 나타내는 말로, 독립된 선율을 가지는 둘 이상의 성부로 이루어진 음악 또는 그런 형식을 뜻한다.

첼로 소나타를 연주했는데, 모스크바에서 했던 것만큼 잘되진 않았습니다. 단순한 이유였어요. 6년 전에 아주 잘 맞았던 것만 믿고 리허설을 게을리했던 거예요!

고향 루마니아의 정세, 리즈 콩쿠르

라두가 1969년 리즈 국제 피아노 콩쿠르에 참가했던 일에는 뜻밖에도 제 책임이 있습니다. 그해 초, 저는 콩쿠르 주최자에게 팸플릿을 받았습니다. 처음으로 러시아어 텍스트가 게재되니 번역을 체크해달라고 의뢰를 받았던 거죠. 제가 팸플릿을 보여주자 라두는 프로그램을 대충 훑어보더니 이렇게 말하더군요. "흠, 이 레퍼토리면 다 연주할 수 있어. 참가할 수 있겠는데." 그가 배워야 하는 곡은 20세기 작품 과제곡 하나뿐이었고, 이해에는 버르토크의 〈문밖에서〉였습니다. 설마하니 그가 또 다른 콩쿠르에 참가할 의사가 있으리라곤 상상도 하지 못했습니다. 모스크바 음악원의 피아노 학부장이던 미하일 소콜로프는 그가 콩쿠르 참가를 재고하기를 강하게 바랐습니다. "루푸 동지, 이미 두 개의 콩쿠르에서 1위를 했는데 왜 또 나가려는 거죠? 이번엔 그렇게 쉽게는 안 될 겁니다. 우리가 강력한 팀을 보낼 테니까요." 소련 팀에는 피아니스트인 보리스 페트루샨스키와 바딤 사하로프가 선발되었습니다. 음악원의 피아노과 교수인 레프 블라셴코가 심사위원 자격으로 그들과 동행했지요.

　콩쿠르가 열리기 전인 1969년 여름, 저는 브라쇼브에 있는 라두의 본가를 방문했습니다. 그의 부모님은 저를 따뜻하게 맞아주고 마을 주변을 안내해주었습니다. 마을을 둘러싼 아름다운 카르파티아산맥에서 긴 하이킹도 했지요. 제가 받은 루마니아의 전체적인 인상은…… 불안하고 어두운 분위기 때문에 많은 사람이 나라에서 도망쳐 나가거나, 아니면 최소한 평온하게 자기 일이라도 계속할 수 있기를 바라는 느낌이었습니다. 차우셰스쿠는 1968년에는 평판이 좋았을지 모르나, 이후 그 체제는 차츰 억압적으로 바뀌어갔습니다. 저는 그 후로도 몇 번 더 루마니아에 갔는데, 그중 적어도 한 번은 라두와 함께 간 것이었습니다. 그리고 그가 영국에 정착한 후에도 두어 번 저 혼자서 그의 부모님을 만나러 갔습니다. 이 아름다운 나라, 따뜻한 사람들과 자연, 그리고 정치적 억압이 이 나라에 뒤집어씌운 좌절을 체험하는 건 제게 중요한 일이었습니다. 라두가 귀국하지 않겠다는 결단을 내렸을 때, 저는 라두의 입장을 이해할 필요가 있었습니다. 그에겐 몹시 곤혹스러운 시기였습니다. 루마니아 여권 소지자인 그는 자신이 부모님을 만나러 가거나 부모님이 해외여행을 할 수 있도록 허가받기 위해 애써야 했고, 또 한편으로는 자신이 서방에서 생활할 수 있도록 정주권

교섭도 해야만 했으니까요. 그는 자신의 나라를 부정하는 말을 결코 입 밖에 내지 않도록 조심했습니다. 다행스럽게도 공산주의 체제가 붕괴하면서 더 좋은 시대가 왔고, 그는 루마니아에 돌아가 연주할 수 있게 되었습니다. 그러한 경험이 막대한 영향을 끼쳐 그는 저보다 훨씬 더 깊은 인생을 체험했고, 그렇게 나이답지 않은 성숙함을 갖추게 되었습니다.

돌이켜 생각해보면 라두가 1969년 리즈 콩쿠르에서 우승한 건 당연한 일인 듯합니다. 하지만 당시엔 자명한 결과로 여겨지지는 않았습니다. 후보자들의 수준이 높아 초반에는 의견이 갈렸지요. 실제로 라두는 간신히 파이널에 진출한 수준이었고, 아이러니하게도 그 진출은 소련의 심사위원인 레프 블라셴코 덕분이었습니다. 그는 원래 예정된 세 명이 아닌 다섯 명의 피아니스트를 파이널 라운드에 진출시키자고 주장했습니다. 우리의 훌륭한 친구인 바딤 사하로프는 슈만의 〈크라이슬레리아나〉를 탁월하게 연주했음에도 탈락했고, 소비에트의 후보자로는 보리스 페트루샨스키만이 남아 있었습니다. 블라셴코는 소련의 심사위원으로서 그를 통과시킬 '정치적 의무'가 있었지만, 라두가 더 많은 표를 얻은 상태였습니다. 긴 이야기를 요약하자면, 그렇게 해서 예외가 인정되어 다섯 명의 피아니스트가 파이널에서 연주하게 되었습니다. 심사위원들의 논의에 대한 가십은 삽시간에 참가자들 사이에 퍼져서 제 귀에도 들어왔습니다. 저는 라두가 걱정되었지만, 라두는 "걱정하지 마. 오케스트라랑 연주하는 거면 전혀 문제없어"라며 저를 안심시켜주었습니다. 그는 옳았습니다. 그는 용기 있는 결단을 내려 베토벤 피아노 협주곡 3번의 1악장뿐만 아니라 2악장도 연주했습니다. '단순한 솔리스트'가 아니라 오케스트라를 어떻게 듣고 어떻게 거기에 어울려 호응해야 하는지를 깊이 이해하고 있다는 사실을 똑똑히 증명해 보였지요. 2악장의 그 부드러운 연주는 특히나 아름다웠고, 가장 친밀하고 고요한 피아니시모를 향해 디미누엔도로 연주해나가는 부분에서도 그의 뛰어난 통제력이 돋보였습니다. 심사위원이 결국 만장일치로 그에게 1위를 수여한 것도 이상한 일이 아닙니다.

리즈 콩쿠르 파이널은 TV로 방송되었고, 라두는 영국에서 순식간에 인기를 얻었습니다. 런던에서도 많은 사람이 그의 파이널 연주를 들으러 왔지요. 콘서트 에이전트의 테리 해리슨도 그중 하나였고, 그는 동료인 재스퍼 패럿과 함께 설립한 새로운 에이전시, 머지않아 널리 이름을 떨치게 되는 '해리슨 패럿'의 아티스트 리스트에 라두를 추가했습니다. 라두의 국제적 커리어 기반은 이 시대에 쌓은 것입니다. 라두는 리즈 국제 콩쿠르에서 평생 친구 두세 명을 얻었습니다. 한 사람은 피아니스트 슈나벨의 제자이기도 했던 마리아 쿠르치오입니다.

당시 런던에서 뛰어난 피아노 선생님으로 유명했는데, 라두의 재능과 특별한 천성을 곧바로 알아보고 음악적으로 크게 지원했지요. 또 한 사람은 심사위원을 맡았던 바이올리니스트 시몬 골드베르크로, 라두는 1975년에 그와 함께 모차르트의 바이올린 소나타 전곡 연주회와 녹음을 진행하게 됩니다. 리즈에는 늘 두 팔 벌려 손님을 환대하는 콜린 화이트가 있었습니다. 본업보다 음악 듣기나 책 읽기를 훨씬 더 좋아하는 치과의사로, 그와 그의 아내인 도리시는 콩쿠르 기간 중 모든 연주자에게 하루 종일 자택을 개방했습니다. 93세가 된 지금도 콜린은 여전한 '피아노광'으로, 라두뿐 아니라 많은 역대 리즈 콩쿠르 참가자들의 충실한 친구로 남아 있습니다.

시몬 골드베르크와 친구들 이야기

앞서 말했듯이, 라두는 시몬 골드베르크와 1970년대 초반에 듀오를 결성해 특히 모차르트의 바이올린 소나타를 많이 연주했는데, 차츰 슈베르트와 쇤베르크, 드뷔시로 그 레퍼토리를 확장해나갔습니다. 라두는 모스크바 시절부터 모차르트의 바이올린 소나타를 연주하는 걸 굉장히 좋아했고, 피아노 소나타보다 훨씬 더 흥미로운 곡이라고 여겼습니다. 모스크바의 학생 기숙사에서는 친구인 바이올리니스트 도라 슈바르츠베르크와 함께 그 곡들을 연주하곤 했지요. 도라는 지금도 저의 절친한 친구로, 연주를 할 때도 그렇고 농담을 하거나 이야기를 할 때도 늘 아주 멋진 사람입니다. 그녀는 우리에게 이사크 바벨(편집자 주: 소비에트의 작가)의 『오데사 이야기』를 자주 낭독해주었습니다. 굉장히 유머러스하고 다채로운 표정으로 낭독을 해서 저는 눈물이 찔끔 날 정도로 웃곤 했지요. 그녀는 라두의 아픈 등을 자기만의 방법으로 마사지해주었습니다. 그녀는 엉덩이가 크기로 유명했는데, 자리에 엎드린 후 그 위에 그를 똑바로 눕혀서 그녀의 엉덩이 굴곡으로 그의 등이 펴질 수 있게 만든 겁니다. 그 상태로 두 사람은 제게 하이든의 첼로 협주곡 C장조의 레슨을 해주었습니다! 우스꽝스러운 광경이었지만 그들의 조언은 효과가 있었고, 로스트로포비치는 그다음 레슨에서 이런 말을 했습니다. "리자, 왜 이제껏 계속 나를 속인 거지? 정말 잘하잖아!"

라두는 젊고 우수한 바이올리니스트 이리나 보치코바(이미 그때 음악원 교수였고, 유리 얀켈리비치의 어시스턴트였습니다)에게도 자주 불려가 밤새 모차르트를 연주하곤 했습니다. 이리나는 아주 멋진 사람으로 이런 음악 파티에 저도 같이 초대해주었습니다. 앞서 말했듯이 라두는 이 무렵 피아노 협주곡 24번 C단조 K.491도 배우는 중이었고, 모차르트의 피아노 협주곡을 연주하고 싶다는 마음을 점점 더 키워가고 있었습니다.

리즈 콩쿠르에 참가했던 시점에 이미 시몬 골드베르크는 라두와 부자 같은 우정을 쌓고 있었습니다. 그는 과묵한 사람이었지만 믿기 힘든 이야기들을 잔뜩 해주었습니다. 힌데미트(골드베르크와 현악 트리오로 협연했습니다)나 푸르트벵글러와 나눈 음악적 교류에 대해 많이 알려주었지요. 골드베르크는 17세에 베를린 필의 콘서트마스터*가 되었습니다. 하지만 굉장히 불운하게도, 유대인인 그는 1930년대 초반에 나치 독일을 떠나 네덜란드로 가서 살아야 했죠. 게다가 1941년 12월에 일본이 침공했을 때 골드베르크 부부는 인도네시아(당시의 네덜란드령 동인도제도)에 있었습니다. 전쟁 중에 시몬과 마리아는 포로가 되어 일본 수용소에서 지내야 했습니다. 시몬이 화장실 청소 같은 더러운 일을 맡아 했던 덕에 두 사람은 어찌어찌 같은 수용소에서 함께 지낼 수 있었지요. 시몬과 마리아는 우리가 런던에서 사귄 새로운 친구들에게도 사랑받게 되었습니다. 마리아는 매력적인 사람이었습니다. 사랑스러운 아내로, 시몬의 농담에 진심으로 웃음을 터뜨리곤 했지요. 딱 한 번 그녀가 웃지 않자 "왜 그래, 마리아?"라고 시몬이 다정하게 물었습니다. "시몬, 그 농담은 처음 들었어, 그래서 안 웃은 거야!"

* 관현악단의 제1바이올린 수석 연주자로, 관현악곡 중 독주부를 연주하거나 지휘자를 대신해 악단 전체에서 지도적 역할을 하기도 한다.

이건 우리에게는 슬픈 하루였던 날, 바로 그들이 런던에서 미국으로 이사하는 날 있었던 일입니다.

　데카에서 진행한 모차르트 소나타 녹음은 트위크넘 근처에 있는 교회에서 이루어졌습니다. 그 교회는 음향 환경이 좋았고, 런던에서도 특히 숲이 우거진 지역에 위치해 있었습니다. 마침 봄이 한창이라 새들이 느긋하게 노래했고, 그 쾌활한 지저귐 소리가 마이크에 잡히는 문제가 발생했습니다. 게다가 멀지 않은 곳에 있는 히스로 공항에서 이따금 들려오는 비행기 소리도 큰 문제가 되었습니다. 아티스트에게는 물론 프로듀서인 크리스토퍼 래번에게도 참으로 짜증스러운 일이었고, 방해가 계속되어 좋은 테이크가 무용지물이 되고 말았습니다.

　라두와 시몬은 기억에 남는 콘서트를 몇 번 했는데, 그중 '슈베르트의 저녁'—그때 2중주 소나타 D.574와 환상곡 C장조 D.934의 녹음도 진행했습니다—은 특별히 언급할 만한 공연입니다. 시몬은 이 환상곡에 대해 우스갯소리를 했습니다. 긴장을 많이 하는 연주자에게는 어려운 곡이라고요. 긴장을 하면 피아니스트는 도입부의 피아니시모의 트레몰로*를 딱딱한 화음 덩어리로 바꿔버리고, 바이올리니스트는 레가토로 들어

---

*　음이나 화음을 빨리 규칙적으로 떨리는 듯이 되풀이하는 주법으로, 피아노 연주에서는 주로 한 옥타브 정도 차이 나는 건반과 번갈아가며 연타한다.

가야 하는 부분에서 길게 떨리는 듯한 스타카토를 올림활*로 연주해버린다는 것입니다. 드뷔시의 바이올린 소나타는 골드 베르크와는 별로 연이 없는 레퍼토리였지만, 두 사람이 그 곡을 협연할 때 선보였던 놀라운 연주, 상상력으로 가득했던 그 연주는 결코 잊을 수 없습니다(라두는 후에 정경화와 함께 프랑크의 소나타와 이 곡의 녹음을 남겼습니다).

라두는 곧 많은 피아니스트가 포함된 커다란 친구 그룹을 만들었습니다. 런던은 당시 음악 업계의 국제적인 중심지였습니다. 라두의 동료 중에는 다니엘 바렌보임과 그의 아내인 재키(재클린) 뒤프레, 푸총, 이모젠 쿠퍼, 우치다 미쓰코, 머리 퍼라이아, 제러미 메뉴인, 그리고 작곡가이자 피아니스트인 스티븐 비숍 코바체비치와 안드레 차이코프스키가 있었습니다. 후에 언드라시 시프와도 친구가 되었지요. 라두는 안드레의 피아노 협주곡의 초연도 직접 했는데, 굉장히 복잡한 작품이라 솔리스트에겐 꽤 어려운 곡이었습니다. 라두는 이 협주곡을 배우기 위해 스코틀랜드에서 무려 여름 한 철을 보냈습니다! 굉장히 멋진 커뮤니티였고 친구들은 서로를 지지했습니다. 그중에서 제게 남은 상징적인 기억은, 라두가 연주하는 베토벤 피아노 협주곡 4번을 듣기 위해 크로이던으로 온 푸총이 이틀

---

* 활의 끝에서부터 왼쪽으로 밀어서 켜는 연주법.

날 열정적으로 했던 말입니다. "굉장해, 라두. 말도 안 되는 연주였어! 자네 탓에 한숨도 못 잤어. 이 협주곡에 대해 생각하고 또 생각하면서 결국 내 방식이 옳다고 이해할 때까지!"

네이가우스 부자가 루푸에게 준 영향은?

런던에 정착해 서방에서 주요 커리어를 쌓기 시작하고부터 라두는 차츰 모스크바와의 연결고리를 잃어갔습니다. 모스크바가 라두에게 무엇을 주었는지 정확히 알기는 어렵습니다. 그는 결코 틀에 박힌 학생이 아니었고, 늘 자율적인 음악가로서 생각하고 연주했습니다. 자신의 음악을 꾸준히 발전시키고 많은 경험을 활용하면서요. 라두에게선 제오르제 에네스쿠 같은 음악가와 슈나벨 같은 피아니스트, 그리고 푸르트벵글러 같은 지휘자의 영향이 느껴집니다. 러시아 비르투오소 악파의 영향은 거의 받지 않았지요. 그럼에도 규율을 몹시 중시하는 모스크바 음악원의 교육 방식과 엄격한 연주 기준은 그를 프로페셔널로 성장시킨 중요한 요인이 되었습니다. 그리고 라두가 거기서 쌓은 우정이 오래도록 이어지기도 했지요. 그중 가장 감동적인 건 스타니슬라프 네이가우스와 쌓은 친밀한 관계로, 라두는 이 관계를 유지하기 위해 최선을 다했습니다. 우리는 러시아 밖에서 그를 방문할 기회가 두 번 있었습니다. 첫 번째는 1975년 여름, 네이가우스가 이탈리아의 시에나에 있는 키지아나 음악원의 여름 학기 강습회에서 수업을 했을 때입니다. 우리는 시에나에서 일주일 정도를 보내며 스타식의 마스터 클래스를 방문했고, 함께 식사도 했죠. 두세 번 가까운 곳으로 여행도 다녀왔습니다. 또 한 번은 피렌체에서였는데, 거기서는 이탈리아의 관공서 때문에 코믹한 일이 생겼습니다. 당시 아직 루마니아 여권을 소지하고 여행을 하던 라두가 비자가 만료되었다는 사실을 알아차린 것입니다. 스타식은 음악원에 도움을 요청했습니다. 라두는 카라비니에리(편집자 주: 이탈리아의 국가 치안경찰) 본부로 보내졌습니다. 체재 기간 연장이 불가피하다고 인정받기 위해서는 그가 '병'에 걸린 상태라는 걸 증명할 필요가 있었습니다. 그리하여 우리는 병원으로 보내졌고, 진짜 의사가 라두를 '진찰'하여 그의 '병'을 확실히 증명했지요. 그 병원은 심하게 낡은 건물 안에 있었고, 벽과 천장에는 르네상스 양식의 아름다운 프레스코화가 그려져 있었습니다. 이런 병동에서 눈을 뜬 환자는 자기가 죽어서 천국에 왔다고 생각하지 않을까요? 의사의 진찰은 라두의 얼굴을 10초 정도 본 걸로 끝이 났지만, 그걸로 충분했습니다. 카라비니에리에 돌아오니 총대장 같은 상사가 낡은 타자기 앞에 앉아 여러 페이지에 걸친 두꺼운 서류를 작성하더군요. 과장스러운 사인과 관인으로 가득한 증명서는 라두의 여권보다 두 배 정도 더 컸습니다. 덕분에 우리는 이탈리아에 며칠 더 머물 수 있었습니다. 그동안 라두의 친구이자 루마니아인 바소 프로폰도 가수가 계속 동행하면서 열심히 차를 몰아주었습니다. 심지어 우리는 그가 운전하는 차를 타고 빈까지 갔습니다. 소련에서 막 도착한 다비드 게링가스와 그의 아내, 그러니까 라두의 클래스 친구였던 피아니스트 타티아나 샤츠가 서방에서 새로운 생활을 시작하는 것을 축하해주고 싶었기 때문입니다.

그 이듬해에 라두는 프랑스 투렌에서 개최된 리흐테르의 음악제에 초대받아 아름다운 그랑주 드 멜레에서 리사이틀을 열게 되었습니다. 그리고 그 2, 3일 후에 스타식도 거기서 연주한다는 사실을 알게 되었죠. 맹렬하게 덥던 1976년 여름, 우리는 아름답지만 남루한 시골 오두막에 묵었고, 머리 퍼라이아와 그의 여자친구인 소피도 거기로 왔습니다. 네이가우스의 상황은 좋지 못했습니다. 왜냐하면 모스크바 당국이 출국 바로 직전에야 비자와 출국 서류를 주기로 결정했기 때문입니다. 출발하기 전 며칠간 그는 연습도 하지 못한 채 심적 동요가 점점 더 심해졌고, 여러 관청의 복도를 몇 시간씩 돌아다니곤 했습니다. 그는 연주 직전에 연주회장에 도착했는데, 무척 예민한 상태였던 탓에 연주에 흠이 생겼습니다. 스타식은 심한 타격을 받았지요. 라두는 그를 달래며 술을 마시지 못하도록 했습니다. 스타식은 힘들면 술독에 빠지기로 유명했기 때문이죠.

그로부터 수년 후 출판된 리흐테르의 일기를 읽었는데, 스타식이 음악제에서 술을 마신 건 순전히 라두 탓이라고 쓰여 있더군요. 그 부당한 말에 무척이나 화가 났습니다. 사실을 말하자면, 라두는 술을 별로 좋아하지 않고 오히려 스타식을 제지하기 위해 최선을 다했습니다. 남은 시간은 페스티벌의 열기에서 멀어져 스타식과 함께 즐거운 시간을 보냈습니다. 차를 타고 노앙에 있는 조르주 상드의 집에도 갔지요. 지금은 박물관이 되었지만, 원래 그녀가 쇼팽과 함께 지내며 아들을 위해 아름다운 마리오네트 극장을 만든 저택입니다. 스타식은 조르주 상드를 전혀 좋아하지 않았습니다. 작곡가 만년의 건강 문제와 고통에는 그녀의 책임이 막대하다고 봤기 때문이지요. 1976년, 첫 일본 투어에서 돌아오는 길에 라두와 저는 모스크바에 들러 페레델키노에 있는 스타식을 방문했습니다. 그것이 스타식과의 마지막 재회였습니다. 1980년, 그는 53세의 나이로 자택에서 사망했습니다.

이건 자주 받는 질문인데, 네이가우스 부자가 라두에게 준 영향이 있다면 그건 과연 뭘까요? 깊이 있는 예술적 연구를 하기에 가장 적합한 분위기 속에 있다는 것, 그건 겐리흐 네이가우스의 클래스를 듣던 모든 피아니스트에게 틀림없이 도움이 되었을 겁니다. 네이가우스 부자는 모두 훌륭한 사람으로 시

1976년 일본 투어를 마치고 돌아가는 길에 모스크바에서 있었던 회동.
스타니슬라프 네이가우스(왼쪽에서 세 번째)와의 마지막 재회가 되었다.
갈리나 에기야자로바(오른쪽 끝), 라두 루푸(앞줄 오른쪽에서 두 번째),
엘리자베스 윌슨(뒷줄 오른쪽에서 두 번째).

마노프스키, 펠릭스 블루멘펠트, 림스키코르사코프, 안톤 루빈시테인 같은 예술가들과 직결되는 풍부한 예술적 유산을 남겼습니다. 네이가우스 악파의 특징 중 하나는 피아노 소리를 대하는 자세가 무척 남달랐다는 점인데, 이 점은 라두에게 어떤 식으로든 영향을 미쳤음이 틀림없습니다. 동시에 라두는 에네스쿠나 디누 리파티 같은 루마니아 음악가도 본받고자 했고, 그렇게 그들만의 독특한 표현법은 아름답게 형성된 라두의 음향 세계에 반영되었습니다. 분명한 건, 라두가 연주할 때 '오케스트라적'인 색채를 만들어내는 능력을 잃어버리는 일은 절대 없다는 점입니다. 그러면서도 그는 한없이 세련된 컨트롤을 철저히 유지했고, 다이내믹스*를 줄여 프레이징을 더욱 강화하는 프로세스를 한층 더 완벽하게 만들었지요. 또한 디미누엔도를 시도할 때건 음을 쌓아 올릴 때건, 피아니시모부터 포르티시모에 이르는 풍부한 다이내믹 레인지를 완벽히 다룸으로써 우리를 청각적 인식의 한계까지 이끌었습니다. 결국 모든 위대한 예술가가 그러하듯 라두 자신의 음악적 진화는 그 자신만의 창조적 활동의 결과지요. 모방과는 관계가 없고 흉내 낼 수 있는 것도 아닙니다. 젊었을 때부터 그는 스스로에게

---

* 소리의 강약과 강조, 세기에 변화를 주는 방식으로, 다양한 강도의 소리를 사용하여 작품의 감정과 정서를 표현하는 방법.

충실했고, 그건 지금도 마찬가지입니다.

이탈리아 쿠미아나에서

2021년 2월 20일

2부

라두 루푸를 향해

아오사와 다카아키라(青澤隆明).
1970년 도쿄에서 태어나 도쿄외국어대학 영미어학과를 졸업했다.
고등학교 재학 시절부터 음악 전문지에 기고를 해왔다.
〈레코드 예술〉, 〈음악의 친구〉, 〈미세스〉, 〈홋카이도 신문〉 등에
정기적으로 집필하고 있으며 평론, 인터뷰, 강연 외에
콘서트나 방송 프로그램의 기획에도 관여하고 있다.

루푸의 음악은 어디에서 왔을까

Radu Lupu. 아마 우리가 아는 유럽인의 이름 중 가장 짧은 편에 속할 것이다. 마치 압운을 한 것처럼 간결한 각 2음절로 이루어진 그 울림. 무언가를 가리키는 소리로서는 최소 단위임이 틀림없다. 그 간명함과 이국적인 울림에서조차 신비로움이 실려 온다. 그 이름을 입에 담을 때 사람들이 떠올리는 애착과 기지와 친밀함 역시 같은 곳에서 온다.

도대체 어디에서 온 걸까. '라두 루푸'라고 불리는 인간과 그 음악은.

우리가 아는 그 사람은 음악을 살았다. 그는 자신의 음악을 살아 있는 형태로, 즉 생성하는 장소와 공간과 시간의 추이 속에 두었다. 스튜디오 레코딩이나 방송 녹음을 거절하고부터 그는 청중 한 사람 한 사람의 귀와 마음을 더욱 신뢰했다. 그는 애초에 음악이나 연주를 머무는 존재라고 생각지 않았을 터다. 인터뷰 취재나 미디어도 싫어했다. 그리하여 루푸는 오로지 콘서트에서 태어나는 음악의 생명 안에서만 음악가로서의 진실을 보여주고자 노력했다. 요컨대 그 음악은 그걸 듣고 있는 그 순간, 연주자와 듣는 이가 서로 마주 보는 순간순간 속에만 존재했다. 루푸 역시 같은 자리에만 머물러 있는 음악을 추구하지 않았다. 음악은 정보가 아닌가 하면, 기억되는 것도, 심지어 전달되는 것도 아니다. 루푸에게 음악이란 그저 거기에서 발생했다가 스쳐 지나가는, 그 순간순간 속에 담겨 있는 고유한 생명을 경험하는 일이었다. 그 경험은 물론 청중과 함께함으로써 존재했다.

루푸는 놀라울 만큼 강렬한 개성을 표현하지만, 연주 중에는 스스로 어떤 배역을 연기하며 대사 말하기를 기피했다. 그는 그저 무대를 조망하듯, 극의 진행을 지켜보는 연출가처럼 음악의 발생과 진전을 북돋웠다. 데뷔 때부터 늘 구성적인 음악을 고수해온 루푸의 표현에는 대담한 창의력과 함께 압도적이고 극적인 힘이 깃들어 있었다. 그러다가 나이를 먹어감에 따라 자아의식이나 창의의식 같은 것들에서도 멀어져, 루푸의 연주는 이윽고 자연스럽게 융통무애融通無碍*의 태세를 취하게 되었다. 또한 타고난 재능인 선명하고 다채로운 음색 표현을 압축하여, 한정된 영역과 미세한 진폭 속에서 오히려 더욱 풍부한 깊이를 개척하고자 하는 의지가 엿보이기도 했다. 그런 그의 연주에서는 때때로 주인공 없는 모놀로그 같은 독특한 분위기가 감돌았다. 무사無私일 수는 없겠으나, 주장을 하는 자아는 이미 극복한 것이다. 표현이라기보다 오히려 현현顯現에

* 막힘없이 통한다는 뜻으로, 사고나 행동이 자유롭고 활달함을 이르는 말이다.

가까운 무언가를 추구하듯이.

　음악이 발생할 수 있는 곳에 쓸데없는 조건을 더하는 일 없이, 그저 음악 그 자체가 발생하기만을 내내 기다리는 그 길고 진중한 인내가 루푸의 연주에 이제껏 본 적 없는 신비로운 순간을 불러들이는 것이었다. 하지만 대개 그런 일은 일어나지 않는다. 그로 인한 체념도 고통스럽게 반복되지만, 그럼에도 그는 거기에 소박한 숨을 불어넣어 초목이 자라는 모습을 지켜보듯 그때마다 산책에 나섰다. 마치 세월과 경험으로 쌓은 양식을 바탕으로 모든 준비를 끝마치고서 새로운 도래를 손꼽아 기다리는 듯한 자세로.

　나는 루푸 자신이 이런 말을 했다고 읽거나 들은 적이 없다. 하지만 그의 연주를 들으며 내가 오랫동안 느껴온 것은, 그러한 내밀한 대치를 통해 위대한 작품 세계의 윤곽과 내실을 밝혀내겠다는, 그런 각오와도 같은 끝없는 인내이기도 했다.

　거기에 여분의 설명이나 주석이 파고들 여지는 없을 터다. 그러나 이 지상에 머무르며 음악이 찾아오기를 기다리는 동안, 라두 루푸라는 음악가의 심신을 다양한 측면에서 키워준 환경은 존재했다. 그게 꼭 예술가의 내면에 깊은 영향을 미치지는 않더라도 그의 직업 생활을 어느 정도 규정하기는 한다. 이하의 기록은 그 비망록으로서 시도되었다.

1945년 루마니아, 갈라치

라두 루푸는 제2차 세계대전이 끝난 1945년 11월 30일에 이 세상 빛을 보았다. 루마니아의 갈라치Galati라는 땅에서, 독일군 점령 시대에 살아남은 유대인 부모 밑에서 태어났다. 아버지는 전후에 변호사가 되었다. 루푸에 따르면 그는 라틴어를 할 줄 알았다. 또한 말하기를 좋아하고 유머가 넘쳤으며, 생업으로 아이들에게 수학을 가르쳤다. 어머니는 프랑스어 교사였다.

부부는 두 살이 될 때까지 말문을 열지 않던 외동아들이 라디오를 들으며 선율을 노래하는 모습을 발견하곤 음악에 재능이 있는 게 아닐까 생각했다. 그가 세 살 때 피아노를 빌렸고, 다섯 살 때 자기 피아노를 가졌으며, 여섯 살 때부터 리아 부수이오체아누에게 배우기 시작했다.

루푸 일가는 트란실바니아 알프스의 산기슭에 있는 브라쇼브로 이사했다. 중세에 작센에서 온 이주자가 많이 살던 마을로, 독일 문화의 분위기도 녹아 있는 곳이었다. 직접 작곡을 하기 시작한 소년은 8세에 그 지방에서 작곡상을 받았고, 12세에 자작곡을 연주한 연주회로 데뷔했다. 그 후 교회 오르간 연주자인 독일인 빅토어 비케리히에게 화성과 대위법, 즉흥 연주를 배우고 바흐의 코랄을 알게 되었다. 14세에 장학금을 받고 수도 부큐레슈티 음악원에 진학해 플로리카 무시체스쿠 여사를 사사했다. 그녀는 디누 리파티의 스승으로 이름이 높은데, 루푸의 말에 따르면 아주 엄격한 선생님으로 3개월밖에 배우지 않았다고 한다. 같은 음악원의 첼라 델라브란체아에게도 피아노를 배웠고, 드라고스 알렉산드레스쿠 밑에서 작곡 공부도 계속했다.

모스크바 음악원 시절

1961년, 루마니아 정부의 국비 유학생 자격으로 모스크바에 간 일이 루푸의 인생을 크게 바꾸었다. 모국의 학교를 수료하기 전이었던 루푸는 모스크바에서 먼저 갈리나 에기야자로바 여사를 사사했다. 그녀는 루푸가 피아노 연주에 눈을 뜨게 한 은사로, 쇼팽의 스케르초와 베토벤의 소나타를 그에게 과제로 내주었다고 한다.

그로부터 2년 후, 모스크바 음악원에 입학한 루푸에게 그녀는 겐리흐 네이가우스 클래스의 오디션을 보도록 권했다. 블라디미르 크라이네프의 반주로 리스트의 피아노 협주곡 1번을 연주했지만 잘되지 않았고, 무서운 마음에 반년 동안 교실로 돌아가지 않았다고 루푸는 밝혔다. 길렐스와 리흐테르를 가르친 그 명교수는 1년 후 세상을 떠났고, 아들인 스타니슬라프 네이가우스가 그 뒤를 이어 4년간 루푸를 가르쳤는데 그와는 아주 좋은 관계를 맺었다.

루푸는 모스크바에서 작곡가의 꿈을 버리고 지휘자를 지망했다. 피아니스트가 된 건 우연과 운에 의한 것이었으며, 밴 클라이번과 리즈 콩쿠르에서 우승을 거둔 것도 그저 운이 좋았던 덕분이라고 라두는 말했다.

내향적인 성격에 사람들 앞에 서면 극도로 긴장하던 젊은이가 국제 콩쿠르에 참가한 건, 어리석은 일인 줄 알면서도 달리 방법이 없었기 때문일 것이다. 1965년에 빈에서 열린 베토벤 콩쿠르에서는 5위에 그쳤지만, 1966년의 밴 클라이번, 1967년의 제오르제 에네스쿠, 그리고 1969년의 리즈 콩쿠르에서는 모두 1위를 차지했다.

루마니아의 문화 당국은 텍사스에서 개최된 밴 클라이번 국제 콩쿠르에 루푸를 파견했지만, 소비에트는 마지막 순간에 참가자를 보내지 않기로 결정했다. 우승자는 유럽과 미국에서 수차례 콘서트를 진행할 의무가 있었다. 덕분에 루푸는 19세에 카네기 홀의 무대를 밟았지만, 신천지에서의 연주는 마음처럼 잘되지 않았다. 젊었던 그는 유럽 연주 여행을 중단하고 자기 자신에게 성실하기로 결심했다.

이듬해인 1967년에는 부쿠레슈티의 제오르제 에네스쿠 콩쿠르 1위를 포함한 세 개의 상을 얻었지만, 루푸는 곧장 연주 활동에 돌입하지 않고 모스크바 음악원 수료를 위해 소비에트로 돌아갔다. 그때 로스트로포비치를 사사한 영국인 첼리스트 엘리자베스 윌슨과 만나게 된다. 리즈 콩쿠르 후, 두 사람은 영국에서 1971년 7월에 결혼한다. 런던에서 지낸 루푸는 축구를 좋아해서 아스널 축구팀의 팬이 되었다.

리즈 국제 콩쿠르에서는 루푸가 말했던 그 행운도 작용했다. 원래 파이널리스트로 세 명이 진출할 예정이었는데, 당시 소련의 후보를 결승에 진출시키려던 심사위원 레프 블라셴코의 주장으로 4위였던 루푸를 포함한 다섯 명이 최종 스테이지에서 겨루게 된 것이다. 그 파이널에서 루푸가 연주한 베토벤 피아노 협주곡 3번 C단조는 완벽했고, 클리퍼드 커즌, 니키타 마갈로프, 지나 바카우어, 레이먼드 레퍼드를 비롯한 심사위원 열한 명이 만장일치로 그를 1위로 결정했다. 훌륭한 바이올리니스트이자 지휘자인 시몬 골드베르크도 심사위원 중 한 사람이었는데, 그는 루푸를 곧바로 네덜란드 실내관현악단으로 불러 2중주 협연을 청했다.

리즈에서의 성공은 곧 널리 알려졌다. 테리 해리슨이라는 발빠른 에이전트가 붙어 곧 화려한 활약이 시작되었다. 커리어를 쌓는 일에 아주 열심이지는 않았고 무대 공포도 심했다고 전해지지만, 그럼에도 루푸가 살아 있는 음악을 창조해내는 기쁨을 포기하는 일은 없었다.

1969년, 퀸 엘리자베스 홀에서 연 데뷔 리사이틀이 호평을 받았다. 이듬해인 1970년 4월 12일에는 존 프리처드가 지휘하는 런던 필하모니 관현악단과 모차르트 피아노 협주곡 C단조 K.491을 연주하며 협주곡 데뷔에도 성공했다. 8월에는 BBC 프롬스에 데뷔해 에도 더바르트의 지휘로 BBC 교향악단과 함께 브람스 피아노 협주곡 1번 D단조를 연주했고, 〈데일리 텔레그래프〉가 이 연주를 보도하며 사용한 '천에 하나 나오는 서정시인'이라는 표현 역시 널리 알려졌다.

런던 시절과 레퍼토리

마침 1970년대는 런던의 음악 시장이 세계적으로 큰 영향력을 가졌던 시대였다. 루푸는 전속 계약을 체결한 데카-런던과의 레코딩으로 피아니스트로서의 평가와 명성을 확고히 했다. 20여 년에 걸쳐 신중하게 관계를 쌓아가게 될 해당 레이블과의 첫 레코딩에서는 1970년 3월 31일과 4월 1일에 슈베르트의 피아노 소나타 A단조 D.784를, 같은 해에 브람스의 광시곡 Op.79-1과 〈세 개의 간주곡〉 Op.117을 녹음했고, 이는 전속 계약 이후 첫 번째 음반이 되어 이듬해 5월에 발매되었다. 같은 해 11월에는 로렌스 포스터가 지휘하는 런던 교향악단과 연주한 피아노 협주곡 3번 C단조 Op.37에 〈자작 주제에 의한 32개의 변주곡〉 C단조 WoO 80을 더한 베토벤의 LP를 녹음했다.

뒤이어 1972년 6월에 녹음한 베토벤 소나타집(Op.27-2, Op.13, Op.53)은 애칭을 가진 인기곡으로만 이루어져 있지만, 이 세 곡은 각각 C샤프단조, C단조, C장조로 이루어져 있다. 루푸는 이러한 구성을 통해 독자적인 해석을 보여주었고, 이를 통해 자신이 상업적인 감수성과는 분명히 선을 긋는다는 사실을 일찌감치 보여주었다.

1972년에는 절친한 사이인 다니엘 바렌보임이 지휘하는 클리블랜드 관현악단, 또 카를로 마리아 줄리니가 지휘하는 시카고 교향악단과의 협연으로 미국에서 성공을 거두었다. 이듬해인 1973년 가을에는 처음으로 일본을 방문했고, 이후 3년 동안 여러 차례에 걸쳐 방문하게 되었다. 1978년에는 헤르베르트 폰 카라얀의 지휘로 잘츠부르크 음악제에 데뷔했다.

이렇게 루푸는 스스로를 확실히 지키면서 시대를 건넜다. 그는 자신이 연주할 작품을 신중하고 성실하게 골라 자기만의 페이스로 음악에 깊이를 더했다. 이윽고 녹음이나 방송을 위해 마이크 앞에 앉는 일에서도 멀어지게 되었고, 레퍼토리는 한정되는 동시에 깊어졌다. 콘서트도 친밀한 장소에서만 개최하게 되었다.

만년의 루푸는 연주회 일정을 정리해 공개하는 일조차 허락하지 않았다. 그때그때 원하는 사람이 찾아서 오는 것을 좋아했기 때문이리라. 그가 추구하는 음악을 듣기 위해 찾아오는 사람들 앞에서, 루푸는 때마다 연주회를 거듭해나갔다.

    호기심 왕성한 성격임에도 불구하고 루푸는 레퍼토리를 함부로 넓히지 않았다. 그는 정성껏 압축하듯 신중하게 집중했다. 그가 내놓은 음반의 독주곡 레퍼토리를 보면 그 범위가 빈 고전파와 독일 낭만파의 작품으로 압축되어, 모차르트, 베토벤, 슈베르트, 슈만, 브람스로 명확히 한정되어 있다. 확실한 논리를 가진 작품 속에서 루푸가 자신만의 구성을 만들어가며 표현의 자유를 탐구한 부분도 있으리라.

    피아노 협주곡으로는 루마니아 시절에 녹음한 베토벤에 이어 데카에서는 1970년대에 다음과 같은 녹음을 남겼다. 포스터가 지휘한 베토벤 3번[Op.37], 앙드레 프레빈과 함께한 슈만[Op.54]과 그리그[Op.16]의 A단조 협주곡, 유리 시갈과 협연한 모차르트 C장조 K.467과 A장조 K.414, 에도 더바르트와 함께한 브람스 1번[Op.15]. 주빈 메타와는 베토벤의 다섯 곡 전부[Op.15, Op.19, Op.37, Op.58, Op.73]를 녹음했다. 이외에도 EMI에서 프레빈과 함께 모차르트의 〈두 대의 피아노를 위한 협주곡〉 E플랫장조 K.365를 남겼고, 머리 퍼라이아와는 F장조 K.242를 두 대의 피아노를 위해 편곡한 버전과 E플랫장조 K.365를 1988년에 소니에서 녹음했다.

    듀오 연주에서는 모차르트와 슈베르트에 주안점을 두었다.

골드베르크와 연주한 모차르트의 바이올린 소나타 전집이 1974년에 완성되었고, 1978년과 1979년에는 슈베르트를 녹음했다. 1977년에는 정경화와 함께 프랑크와 드뷔시의 소나타를 녹음했다. 페라이아와는 1984년에 모차르트의 〈두 대의 피아노를 위한 소나타〉 D장조 K.448과 슈베르트의 〈네 손을 위한 환상곡〉 D.940을, 그리고 1990년에는 모차르트의 〈판타지아〉 K.608과 〈안단테와 5개의 변주곡〉 K.501을 녹음했다. 1996년 11월에 텔덱에서 바렌보임과 함께한 슈베르트의 네 손 연탄곡집(D.733, D.813, D.812)이 루푸의 마지막 레코딩이 되었다.

실내악으로는 목관 5중주의 명곡인 모차르트의 E플랫장조 K.452와 베토벤의 E플랫장조 Op.16을 1984년에 콘세르트헤바우에서 녹음했다. 또 성악곡으로는 바버라 헨드릭스와 함께한 슈베르트의 가곡을 1985년과 1992년에 내놓았다. 25년간 실제로 이만큼의 녹음밖에 발표하지 않았다.

그 외 콘서트 레퍼토리의 일부를 언급하자면, 슬라브계 작품으로는 2001년 일본 공연에서 농밀한 연주를 들려주었던 제오르제 에네스쿠의 소나타 1번이 떠오른다. 또 야나체크나 버르토크의 모든 작품, 쇼팽의 소나타 3번도 연주했다. 러시아 음악으로는 1983년에 무소륵스키의 〈전람회의 그림〉을, 2017년에는 차이콥스키의 〈사계〉를 연주했다. 더 전으로 거슬러 올라가면, 1975년에는 런던에서 친구 안드레 차이코프스키의 피아노 협주곡 Op.4를 시갈이 지휘하는 로열 필하모니 관현악단과 함께 초연했다.

이만큼 풍부한 색채와 음영을 가진 피아니스트에게 프랑스 음악이 어울리지 않을 리 없겠지만, 독일과 오스트리아 계열 작품의 구성 논리와 달라서인지 앞서 언급한 프랑크와 드뷔시의 듀오 소나타 외에는 녹음한 바가 없다. 라벨의 소나티네는 1998년 일본 공연에서도 연주했고, 2012년에는 프랑크의 〈전주곡, 코랄과 푸가〉와 함께 드뷔시의 전주곡집 2권도 선보였다. 그는 그 프로그램에 속한 다양한 곡의 골격과 환상을 포착해냈고, 고딕풍의 환몽이나 허무의 바닥없는 깊이 또한 그대로 보여주었다. 이 곡들 모두 그 시즌에 연주회에서 처음으로 연주하게 된, 다시 말해 새롭게 도전하는 작품이었다. 슈베르트와 슈만에 한층 더 치우치게 된 후기에 들어서도 루푸의 탐구는 그렇게 신중한 형태로 진행되고 있었던 것이다.

그는 모스크바 음악원에서 배운 다른 정예 연주자들과도 달라서, 필요한 기술을 구사해 작품을 자기 것으로 만들면서도 그걸 넘어 비르투오소의 능력을 과시하는 일은 없었다. 그쪽은 자신이 지향하는 방향이 아님을 루푸는 일찌감치 파악했던 것이리라. 한편 젊었을 때 시도했던 작곡과 지휘, 교향곡의 편곡 연주를 통해 몸에 익힌 교향악적인 구성과 힘 있고 극적인 표현력은 그의 피아노 독주 속에 구조적으로 충실한 울림의 세계가 구축되도록 도왔다. 독자적인 해석을 날카롭게 제시하는 부분도 있는가 하면, 대담하게 완급 조절을 하고 리듬에 변화를 줌으로써 본능적으로 타고난 서술적 성향도 농후하게 보여주었는데, 그러면서도 자의적으로 부자연스럽게 세부를 돌출시키거나 우쭐대듯 성부를 강조하는 전략은 취하지 않았다. 그건 루푸 자신의 성격 때문이기도 하고, 앞선 세대 거장들이 예술 작업을 할 때 그랬듯 전체적인 음악상을 파악했기 때문이기도 했으리라. 이런 음악상은 때로는 야생 속 자연처럼 스스로 드러나는 듯하기도 하고, 또 때로는 루푸 자신만의 독자적인 토양 깊은 곳에서 끌어 올려 키워내는 것처럼 보이기도 했다. 다시 시대에 대해 생각해보면, 런던의 음악 시장이 아시아를 비롯해 전 세계를 석권하면서 확장해나간 시기는 라두 루푸가 일선에서 프로 연주자로서의 커리어를 쌓았던 시대와 겹친다. 흥행과 상품성에 몰두하던 미디어 사회 속에서, 완고하고 심지가 굳었던 루푸의 자세는 일종의 반동에 해당하는 반시대적 태도였음이 틀림없다.

루푸는 마치 그 자신의 연주처럼, 이른바 메이저라 불리는 산업적 비즈니스에 가담하지 않은 채 독자적이고 사적인 비경을 창조해 신념을 지켜나갔다. 그리하여 그는 스스로의 인간성과 예술의 진실을 지켰을 뿐 아니라, 결과적으로 음악을 사랑하는 현대인의 마음까지도 지켜왔다. 이렇게 그가 지켜낸 영역은 동시대 음악가들이라면 누구나 두려움과 애착을 갖고 소중히 해야 할 영역이기도 했다. 아마도 그의 첫 순간부터 마지막 순간까지 일관적으로 말할 수 있는 건 다음과 같은 사실이리라. 루푸의 활동을 지지한 건, 결국 음악이라는 공간에 모여 그라는 인간과 음악을 좇아온 우리 모두의 우애와 신뢰였다는 것 말이다.

루푸를 둘러싼 음악가들

라두 루푸는 전후 세대의 음악가다. 전쟁의 상흔으로부터 재건을 시도하는 과정에서, 음악은 상처 입은 유럽의 문화적 권위를 되찾아줄 희망이었다. 많은 스타가 등장해주기를 바라는 기대감이 고조되었고, 새 시대의 희망을 짊어진 신성들이 차례로 두각을 드러냈다. 미국과 소련의 냉전 시대를 상징하던 국제 콩쿠르라는 시스템은 라틴아메리카와 아시아의 재능으로 눈을 돌려 확장을 꾀했다.

이렇게 런던에 모여든 음악가들은 서로를 아꼈고, 루푸 역시 국적과 출신을 뛰어넘어 우애를 쌓는 이 모임에 참여했다. 그는 다니엘 바렌보임과 재클린 뒤프레, 푸총, 머리 퍼라이아, 스티븐 코바체비치, 우치다 미쓰코 등과 친하게 어울렸고, 언드라시 시프와도 우정을 나누었다. 이러한 스타 연주가들은 대개 메이저 레이블과 전속 계약을 유지하고 콘서트 활동으로 기반을 확고히 다지는 와중에도 각자의 선택과 주장을 바탕 삼아 자신만의 분야를 개척해나갔다. 그들은 무엇이든 다 연주하는 쇼맨이 석권했던 시대와는 현명하게 선을 그으며, 의식하진 않았으나 결과적으로는 서로 각자의 영역을 지키며 공존해나갔던 것으로 보인다.

대중을 크게 매료시키는 독주자라면 다들 카리스마라는 것을 발휘한다. 누군가는 전략적으로, 또 누군가는 타고난 천성으로 발휘하는 것이다. 루푸에게도 그런 기운은 확실히 있었다. 그가 지닌 강력하고 신비한 힘은 공연장을 순식간에 사적이고 친밀한 탐구의 공간으로 바꾸어버린다. 심지어 루푸는 주관적이고 격렬한 몰아가 아니라, 자타가 함께 열린 마음으로 음악의 도래와 발생을 고대하게끔 이끄는 경지에 이르렀다.

독특한 연주

어떻게 이렇게 사적이고 내밀한 세계를 대중 앞에서 열어 보일 수 있을까. 루푸의 연주에는 일종의 신비와도 같은 강한 흡인력이 있었다. 최근의 루푸는 거기에 존재하는 것을 그저 거기에 존재해 마땅한 것으로 보는 경지에 이르렀지만, 그렇다고 해서 예전의 그 야생적이기까지 하던 강렬한 표현력을 잃지는 않았다.

약음의 그 세밀한 기운부터 기개 있는 역동감까지, 그의 연주 선면에 걸쳐 배어나는 짙은 감정은 루푸 음악의 대표적인 개성이다. 또한 대담한 아고긱과 부점 리듬*도 타고난 특징이라 할 수 있는데, 이 역시 전체적인 구조를 파악한 후 표현의 자유를 허용한 것이다. 그러한 특징과 태도 역시 이미 자의식 바깥에 존재한다. 작곡가의 시점과 거리를 두고 작품을 조망하는 객관적 특성과 어쩔 수 없이 넘쳐흐르는 주정적 느낌이 절묘한 균형을 이루면서 그의 연주에 독특한 열기와 깊이를 더한다. 그 속에선 모든 것이 필연적인 통일성을 가지며, 극적인 긴장을 바탕으로 삼음으로써 무엇 하나 경솔하게 다루는 법이 없다.

그리고 루푸의 연주는 산야의 날씨처럼 그때그때 크게 변화했다. 그렇기에 같은 프로그램을 한 시즌 내내 연주하고, 한정된 레퍼토리를 오랜 친구 사이인 지휘자와 여러 차례 반복해서 협주하더라도 늘 차고 넘칠 만큼의 다양한 결실을 보여주었다. 어떤 조건이 어떤 식으로 작용하는지는 알 수 없지만, 주로 루푸 자신의 심리나 정신 상태와 음악 그 자체의 조화에 의해 저절로 그때그때 가장 적합한 형태를 띠는 것처럼 느껴졌다.

연주에서 예측 가능한 요소는 아주 드물었고, 연주자 자신

---

* 점8분음표 뒤에 16분음표가 오는 형태.

이 그것을 극도로 기피하는 듯했다. 연주에서 자의적인 플랜을 배제해나가는 것처럼 보이기도 했다. 어떤 부분에서 어떤 표현을 시도할지는 즉흥적으로만 결정되는 건 아니다. 거기엔 당연히 그때까지의 경험도 작용하겠지만, 루푸는 오히려 변덕에 가까울 정도로 융통성 있게, 오직 그 방법밖에는 존재하지 않는 것처럼 시시각각 자연스러운 표현을 구사했다. 잘되지 않을 때도 있고, 무언가를 되돌리거나 그대로 흘러갈 때 등 다양한 순간이 있었지만, 루푸는 그때그때 음악이 원하는 방향을 존중했고 그의 연주는 그걸 받아들일 준비가 되어 있었다.

그건 루푸가 오랜 세월 직시해온 작품의 원상原像이라 해야 할 것이다. 루푸가 작품을 전체적으로 응시하는 관점은 냉엄할 정도였고, 그는 그 작품 내부에 개입하지 않고 그저 최선을 다해 강하게 응시하려는 자세를 취했다. 작품 세부에 단층이 보이면 그것을 있는 그대로 현상하는 것이다. 이러한 접근 방법은 그의 전 세대에 해당하는 왕년의 거장들이나 동년배의 기수들, 수많은 후진들과 크게 다르다 할 수 있는데, 그건 루푸가 주관적인 개입이나 해결을 방치했기 때문이라 할 수 있다. 그러다 보니 슈베르트나 슈만의 작품이 그 끝없는 심연과 더불어 때로는 광기를 드러내는 일도 일어났다. 그건 연주의 이치나 완성도와는 전혀 다른 차원에 있는 현상이다. 그것은 처음부터 거기에 있었고 어떤 형태로건 거기에 계속 존재할 원형질이다. 루푸는 그것을 무서우리만치 정확하게 응시하여, 때로는 냉철해 보일 정도로 적절한 거리를 유지하면서 자신의 소리로 그 원형질을 엄격하게 폭로했다.

그리고 어떤 경우든 루푸에게는 해야 할 이야기가 있었다. 그의 음악은 광채보다는 음영으로 풍부함을 더한다. 그의 연주가 일종의 악마적인 흡인력을 가지는 이유는 사색이나 명상에 가까운 그의 심상이 창조의 비밀에 닿아 있기 때문이리라. 자연스러운 감정의 번뜩임이 그 순간순간의 색채를 새롭게 각성시키고, 기억 속에서가 아니라 지금 생생하게 생성되는 극성劇性으로 비약하게 만든다. 독특한 음색과 곡조, 템포의 변화나 리듬이 짙게 호흡하고, 지극히 섬세한 피아니시모의 색채를 보여주는 한편 다이내믹한 역동감도 맹렬하게 분출한다. 연주는 순간의 생사를 건 창조 행위인 셈이다.

특히 루푸는 최근 들어 연주할 때마다 그 농담濃淡을 바꾸는데, 그에 따라 개척해가는 광경도 목적지도 매번 달라진다. 그 일례로 나는 2017년 5월부터 6월에 걸쳐 아른험, 암스테르담, 빈, 베를린에서 하루 이틀 간격으로 열린 리사이틀을 들었는데, 같은 프로그램인데도 모든 곡이 그때그때 다른 그의 심경을 솔직하게 반영하듯 놀라울 정도로 매번 변화했다. 역시 기본적인 작품의 구축에 관한 이해가 흔들리는 일은 없었고, 눈에 띄게 변모하는 부분은 전체나 세부의 표정과 심상이었다.

2013년 10월에 열린 마지막 일본 공연에서 연주한 슈베르트의 소나타 A장조 D.959도 그러했다. 특히 오사카의 이즈미 홀에서 했던 연주가 인상적이었다. 2악장의 적막한 안단티노 중에는 마치 레치타티보* 같기도 한 전위적이고 즉흥적인 중간부가 있는데, 거기서 루푸가 폭로한 것은 처절한 정신적 허무이자 비통함을 넘어선 무자비함이었다. 후에 1970년대 중반 녹음을 다시 들어보니, 비록 어두움의 깊이에 차이는 있을지언정 그 안에 있는 격렬한 고독과 고통에 관한 근본적 자세는 그대로 유지하고 있었다. 같은 악보를 직시하는 그의 담력과 응시에는 변함이 없었다. 그저 그 색감과 고통이 세월의 음영과 함께 심화했을 뿐이었다.

　같은 지형을 바라보더라도 보는 사람의 마음과 바라보는 각도, 그리고 하늘이나 구름의 움직임에 따라 눈앞에 펼쳐지는 풍경은 다양하게 변화한다. 때로는 절경이고 때로는 고독이며 때로는 체관이기도 하다. 그러나 거기엔 음악을 통해 고독하게 살아가는 충실한 생이 쓴맛을 띤 채 늘 향기를 뿜어내고 있었다.

---

* 오페라나 칸타타 등에 쓰이는 창법으로 대사의 전달에 중점을 두고 말하듯이 노래 부르는 것을 뜻한다.

마지막 프로그램

루푸가 연주회에서 연주한 마지막 프로그램은 스티븐 이설리스와 함께한 슈만의 〈세 개의 로망스〉 Op.94(A단조, A장조, A단조)와 이설리스의 지휘하에 루체른 교향악단과 연주한 모차르트 피아노 협주곡 A장조 K.488이었다. 그 협주곡은 모스크바 시절 갈리나 에기야자로바 밑에서 공부했던 곡이라고 본인도 밝힌 바 있다. 아마도 루푸는 자신이 최초로 오케스트라와 협연했던 이 추억의 협주곡으로 연주 활동을 아름답게 끝맺기를 바랐던 것이리라. 앙코르곡은 역시 브람스의 A장조 간주곡 Op.118-2였다. 2019년 6월 21일 금요일 밤의 일이었다.

그 이튿날 라두 루푸의 콘서트 활동 은퇴 소식이 전해졌다. 루체른 공연 앞에 예정되어 있던 베를린 연주회는 취소하고 이곳에서 조용히 연주 활동을 마무리한 것도 그다운 퇴장 방법이었다.

내가 과거의 레코딩 이야기를 꺼내려 하면 루푸는 바로 불쾌한 기색을 내비쳤다. 언젠가는 사라질 것을 알고, 그 변화하는 생명의 시공 속에서 확실하게 살아가고자 한 것이 라두 루푸라는 음악가의 진실이었다.

인간의 생은 한정적이지만, 그 속의 한순간에서 음악이라고 하는 영원이 마법처럼 열린다. 음악은 자연스러운 생의 진행

속에 녹아들어 늘 변화 속에 존재하며, 쉬지 않고 이는 물결이 되어 고유한 시간이나 사람들의 마음과 함께 흘러가 사람들의 기억과 무의식에까지 깊이 배어듦으로써 그 내밀한 목소리를 지켜나간다. 작품은 종이 위에서 완성되지 않는다. 그 사실을 몸소, 심지어 부서지기 쉬운 육신의 생명 속에서 매번 증명해 나간 것이 루푸의 연주 방식이었다.

라두 루푸는 스스로를 피아니스트나 연주가가 아니라 음악 그 자체라고 상상했던 게 아닐까. 나는 그런 생각을 떨칠 수가 없다. 요컨대 음악의 화신이자 화신으로서의 음악인 셈이다.

그런 의미로 루푸는 음악 그 자체였다. 음악으로 일가를 이룬 것이 아니라, 음악이 묵는 집, 음악이 이 세상에 머물 때의 거처가 되는 음악가. 적어도 콘서트의 어느 순간에 루푸는 그렇게 존재했다. 그 순간이 영속되거나 고정되지 않는다는 점역시 음악이 살아 있다는 증거이다. 그 음악을 들었던 기억과 그 음악을 붙잡아두지 못했다는 애착 같은 감정, 또한 그럼에도 차오르는 행복과 충만해진 마음이 함께 남는다.

라두 루푸는 그렇게 우리의 마음속에서 음악 그 자체로서 끝없이 울려 퍼진다. 결코 잃을 일 없는 생의 기억은 그 피아노 소리처럼 뜨겁고 풍성한 울림을 가졌다. 그리고 그 기억은 늘 음악이 오길 기다리며 홀로 음악을 찾아 헤매고 있다. 다음 음이, 다음 쉼표가 돌아올 때까지.

이야기를 끝맺으며

'음악'을 언어로 바꾸는 건 절대 불가능한 일입니다. 그건 라두 루푸의 철학에 반하는 일이 아닐까 고민하면서도 이렇게 열세 분의 이야기를 듣고 또 일곱 분의 원고를 받아서, 그의 음악이 왜 이렇게까지 특별한지를 다시 생각해보는 기회를 얻었습니다. 인터뷰를 할 땐 주제를 정하지 않은 상태로 자유롭게 루푸 씨의 인품과 음악에 대한 이야기를 들었는데, 서로 다른 분이 오래전에 있었던 같은 에피소드에 대해 말씀해주신 부분이 인상적이었습니다.

루푸 씨의 음악에 대해 이야기하기 시작하면, 다들 표정이 단숨에 부드러워지면서 수십 년 전에 들었던 연주라도 꼭 방금 체험한 것처럼 생생하고 자세히 이야기해주었습니다. 마치 프루스트의 기억을 되살려준 한 입의 마들렌처럼요. 루푸 씨가 기록되기를 더 강하게 거절할수록 그가 빚어내는 음악의 한 음 한 음이 사람들의 마음속에 더 깊이 새겨지는 듯합니다.

특히 제 마음에 남은 건 1994년 후쿠오카 공연 때 백스테이지에서 들었던 슈만의 〈다비드 동맹 무곡집〉 14번, 그리고 대기실에서 문득 들려왔던, 같은 작곡가의 〈아다지오와 알레그로〉 첫 여섯 소절입니다. 저는 마음속에 소중히 수납해둔 이 소리의 기억을 세월이 흐른 후에도 언제든 꺼내어 음미할 수 있습니다.

인터뷰는 주로 온라인으로 진행했습니다. 화면 너머로 처음 만나는 사람이라도 루푸 씨의 음악을 향한 경애의 마음으로 서로 공감하면서 일종의 연대감을 느꼈던 일 역시 팬데믹으로 세계가 분단된 시대에 할 수 있었던 멋진 경험이었습니다.

제가 하는 일의 특성상 세계의 다양한 거장 음악가와 이야기를 나눌 기회가 많았는데, 루푸 씨의 연주를 경애하는 음악가들의 '루푸 예찬'을 한데 모아보고 싶다는 생각에서 이 스무 개의 이야기는 시작되었습니다. 루푸 씨의 부인인 델리아 씨와 의논해서 전 부인인 엘리자베스 윌슨 씨를 소개받았고, 그녀는 모스크바에서 보낸 학창 시절을 포함한 회상록을 집필해주시고 나아가 당시의 루푸 씨를 아는 사람들을 소개해주었습니다. 귀중한 증언 덕분에 수수께끼에 싸여 있던 그의 청년 시절을 엿볼 수 있었습니다. 독자 여러분께서 조금이라도 당시의 분위기를 느낄 수 있었다면 기쁘겠습니다. 또 델리아 부인은 루푸 씨의 유소년 시기 사진을 포함한 귀중한 사진을 빌려주셨습니다.

2012년 가을, 일본을 방문한 루푸 씨가 아직 10대였던 조성진 씨의 연주를 듣고 돌아가던 차 안에서 "젊었을 때 그 아이처럼 자유롭게 다양한 악보를 얻을 수 있었다면 얼마나 좋았을까"라고 불쑥 말하고는 먼 곳을 응시했던 적이 있습니다.

　지금은 무엇이든 손에 넣을 수 있는 편리한 시대지만, 쉬지 않고 흐르는 잡다한 영상과 음악 속에서 우리 감각의 일부분이 무기질처럼 변해버린 듯한 느낌이 듭니다. 그렇기에 인생에서 가장 큰 행복을 준 소리의 기억을 마음속에 간직하는 일이 더욱 소중해진 건 아닐까요?

　제가 루푸 씨와 만날 수 있었던 것, 또 이렇게 많은 음악가들에게 연락을 할 수 있었던 건 주식회사 가지모토에서 일한 30년이 있었기 때문이기에, 대표이자 사장인 가지모토 마사히로 씨에겐 감사의 마음을 금할 길이 없습니다. 여러모로 조언해주신 전 동료이자 친구 이시카와 아쓰시 씨, 책을 만들기 시작한 처음부터 끝까지 의논 상대가 되어주시고 따뜻하게 격려해주신, 또한 엘리자베스 윌슨 씨의 회상록을 번역해주시고 훌륭한 루푸론을 기고해주신 아오사와 다카아키라 씨에게 이 기회를 빌려 진심으로 감사 인사를 전합니다. 네 편의 '기고' 번역은 니시 구미코 씨가, 보리스 페트루샨스키 씨 원고의 러시아어 교정은 고가 아키코 씨가 도움을 주셨습니다. 그리고 출

원쪽 1967년 4월, 21세, 카네기 홀 데뷔 리사이틀 당시의 프로그램.
베토벤: 피아노 소나타 15번 D장조 '전원' Op.28
베토벤: 피아노 소나타 7번 D장조 Op.10-3
슈베르트: 〈즉흥곡〉 D.899 가운데 3번, 4번
쇼팽: 발라드 1번 Op. 23

오른쪽 2019년 6월 21일, 마지막이 된 루체른 공연의 프로그램.
슈만: 〈세 개의 로망스〉 Op.94
모차르트: 피아노 협주곡 23번 A장조 K.488
스티븐 이설리스(첼로, 지휘)
루체른 교향악단

2012년 11월, 라두 루푸 일본 투어에 매니저로 동행했을 때 도쿄역에서 찍은
기념사진. 왼쪽이 델리아.

판에 최선을 다해주신 아르테스 퍼블리싱의 기무라 겐 씨, 편집을 담당해주신 이와카미 스기코 씨에게 진심으로 감사 인사를 전합니다.

이 책을 늘 루푸 씨 곁에서 인생을 함께해온 델리아 루푸 씨에게, 그리고 무엇보다 일기일회一期一會라는 말의 진정한 의미를 가르쳐주신 라두 루푸 씨에게 바칩니다.

2021년 10월 길일

이타가키 지카코

라두 루푸 연보

1945   11월 30일, 루마니아의 갈라치에서 변호사인 아버지
        모리스 루푸Maurice Lupu와 프랑스어 교사인 어머니
        아나 가보르 루푸Ana Gabor Lupu 슬하에서 태어났다.

1951   6세, 피아노를 시작한다. 리아 부수이오체아누Lia
        Busuioceanu를 사사.

1957   11세, 1월 19일, 자작 작품을 포함한 최초의 콘서트를 열었다.
        브라쇼브로 이사한 후, 빅토어 비케리히Victor Bickerich에게
        화성과 대위법을 배웠다.

1959~   13세, 장학금을 받고 부쿠레슈티 음악원에서 플로리카
        무시체스쿠Florica Musicescu(디누 리파티의 스승), 첼라
        델라브란체아Cella Delavrancea를 사사. 또 드라고스
        알렉산드레스쿠Dragos Alexandrescu에게 작곡을 배웠다.

1961   15세, 루마니아 정부의 국비 유학생 자격으로 모스크바로
        유학을 떠나 갈리나 에기야자로바Galina Eguiazarova를
        사사했다.

1962   16세, 모스크바 음악원에서 겐리흐 네이가우스Heinrich
        Neuhaus, 그리고 1년 후에 그 아들인 스타니슬라프

네이가우스Stanislav Neuhaus를 사사했다.

1965   국제 베토벤 피아노 콩쿠르(빈)에서 5위 입상.

1966   20세, 5월에 제2회 밴 클라이번 국제 피아노 콩쿠르에서 우승. 아울러 윌러드 스트레이트의 〈피아노를 위한 구조〉 연주로 위촉 작품 최고 연주상을, 코플런드의 피아노 소나타로 최고 연주상을 수상했다.

1967   21세, 4월 카네기 홀에서 리사이틀 데뷔. 제오르제 에네스쿠 국제 콩쿠르에서 우승.

1969   모스크바 음악원 졸업. 10월, 리즈 국제 피아노 콩쿠르에서 우승. 11월, 런던 퀸 엘리자베스 홀에서 리사이틀 데뷔.

1970   4월, 런던 로열 페스티벌 홀에서 오케스트라 데뷔. 데카 레이블에서 첫 녹음: 브람스의 후기 소품집, 슈베르트의 피아노 소나타 14번 A단조.

1971   엘리자베스 윌슨과 결혼.

1972   2월, 다니엘 바렌보임이 지휘하는 클리블랜드 관현악단과 브람스의 피아노 협주곡 1번으로 뉴욕 데뷔.

1973   10월, 첫 일본 방문.

1975   유리 시갈이 지휘하는 로열 필하모니 관현악단과의 협연으로 안드레 차이코프스키의 피아노 협주곡 초연.

1978	헤르베르트 폰 카라얀이 지휘하는 베를린 필하모니 관현악단과의 협연으로 잘츠부르크 음악제 데뷔.
1989	이탈리아 프랑코 아비아티상 수상.
1991	델리아 부가린과 결혼.
1993	데카 레이블에서 솔로로서 마지막 녹음.
1995	《슈만: 어린이 정경, 크라이슬레리아나, 후모레스케》 앨범으로 에디슨상 수상.《슈베르트: 피아노 소나타 13번·21번》 앨범으로 그래미상 수상.
2006	아르투로 베네데티 미켈란젤리 국제상 수상.
2013	10월, 마지막 일본 방문.
2016	대영제국 훈장 받음.
2019	6월 21일, 루체른에서의 공연을 마지막으로 은퇴.
2022	세상을 떠남.

라두 루푸는 말이 없다

침묵의 피아니스트를 그린 20가지 데생

초판 1쇄 발행 2025년 5월 1일

엮은이 이타가키 지카코
옮긴이 김재원

발행인 박지홍
편집장 강소영
편집 최원호, 김현림

발행처 봄날의책
등록 제311-2012-000076호 (2012년 12월 26일)
주소 서울 종로구 창덕궁4길 4-1 401호
전화 070-4090-2193
메일 springdaysbook@gmail.com
인스타그램 instagram.com/springdaysbook

인쇄 한영문화사
제책 과성제책

ISBN 979-11-92884-43-1 03670